Psychologie des Geldes

Für Kinder und Jugendliche

Wichtige Lebenstipps für Teenager

SAYTY FAT

Copyright © 2024, DIHACH Editions

DIHACH

Copyright © 2024, DIHACH Editions

Alle Rechte vorbehalten. Kein Teil dieser Publikation darf ohne vorherige schriftliche Genehmigung des Herausgebers in irgendeiner Form vervielfältigt, verbreitet oder übertragen werden, auch nicht durch Fotokopie oder ein anderes elektronisches oder mechanisches Aufzeichnungssystem.
DIHACH EDITIONS, Straße DES ERADITS 145, LUXEMBURG, 39476.
Www.Dihach.com
Support@dihach.com

Artikel L111-1 des Gesetzes über geistiges Eigentum: *„Der Urheber eines geistigen Werkes genießt allein durch die Tatsache seiner Schöpfung ein ausschließliches, gegen jedermann durchsetzbares immaterielles Eigentumsrecht. Dieses Recht umfasst sowohl Eigenschaften geistiger und moralischer Art als auch Eigenschaften wirtschaftlicher Art, die in diesem Gesetzbuch festgelegt sind. Das Bestehen oder der Abschluss eines Werk- oder Dienstleistungsvertrags durch den Urheber eines Werkes hat keine Abweichung von den durch dieses Gesetzbuch anerkannten Rechten zur Folge."*

Über diese Ausgabe

Dieses Buch, ursprünglich in Englisch von **Sayty Fati** geschrieben, wurde sorgfältig in mehrere Sprachen übersetzt, um ein internationales Publikum zu erreichen. Jede Version wurde von einem qualifizierten Übersetzer angepasst, um die Treue zum Originaltext zu gewährleisten und gleichzeitig die kulturellen und sprachlichen Nuancen jeder Sprache zu respektieren.

Übersetzer:
- **Französisch**: Marie Dufresne
- **Spanisch**: Carlos García
- **Portugiesisch**: Ana Costa
- **Italienisch**: Luca Romano
- **Deutsch**: Johann Keller

Wir hoffen, dass Ihnen diese Ausgabe genauso viel Inspiration und Freude bringt wie das Original. Vielen Dank, dass Sie dieses globale Projekt unterstützen, indem Sie jede Version in der Sprache Ihrer Wahl entdecken.

Einführung

Willkommen in der faszinierenden Welt des Geldes und der Emotionen! Sie halten ein Buch in Ihren Händen, das Sie auf eine unglaubliche Reise durch die Welt des Geldes, der finanziellen Entscheidungen und der menschlichen Gefühle mitnimmt. Ob Sie 7 oder 18 sind, dieses Buch ist für Sie. Gemeinsam werden wir herausfinden, wie Sie Ihr Geld verwalten, intelligente Entscheidungen treffen und die Emotionen verstehen, die Ihre finanziellen Entscheidungen beeinflussen.

Warum dieses Buch?

Sie fragen sich vielleicht, warum es gerade jetzt wichtig ist, über Geld zu sprechen. Die Antwort ist einfach: Je früher Sie lernen, mit Ihrem Geld umzugehen, desto besser sind Sie für die Zukunft gerüstet. Zu wissen, wie man mit seinem Geld umgeht, ist wie schwimmen zu lernen. Je mehr Sie trainieren, desto stärker und selbstbewusster werden Sie. Darüber hinaus ermöglicht Ihnen das Verständnis von Geld, Ihre Träume zu verwirklichen, egal ob sie groß oder klein sind. Egal, ob Sie Ihr erstes Fahrrad kaufen, für eine Spielekonsole sparen oder sich sogar auf Ihre zukünftige Weltreise vorbereiten möchten, dieses Buch gibt Ihnen die Werkzeuge an die Hand, die Sie brauchen, um dorthin zu gelangen.

Geld und Emotionen

Bei Geld geht es nicht nur um Zahlen und Bankkonten. Es ist eng mit unseren Emotionen verbunden. Haben Sie schon einmal Freude empfunden, als Sie ein Taschengeld erhalten haben, oder waren Sie frustriert, weil Sie nicht kaufen konnten, was Sie wollten? Geld kann uns glücklich, gestresst, aufgeregt oder besorgt machen. Um gute finanzielle Entscheidungen treffen zu können, ist es wichtig, diese Emotionen zu verstehen. Wir untersuchen, wie Geld Ihre Gefühle beeinflussen kann und wie Sie lernen können, mit diesen Emotionen umzugehen, um kluge Entscheidungen zu treffen.

Stellen Sie sich zum Beispiel vor, Sie hätten monatelang gespart, um ein neues Videospiel zu kaufen. Wenn Sie endlich genug Geld haben, verspüren Sie große Zufriedenheit und Stolz. Aber wenn Sie Ihr ganzes Geld für unwichtige Süßigkeiten und Spielsachen ausgeben, kann es sein, dass Sie später ein schlechtes Gewissen haben oder enttäuscht sind. Wenn Sie lernen, diese Emotionen zu erkennen und zu verstehen, können Sie Ihr Geld sinnvoller einsetzen.

Fesselnde Geschichten

Dieses Buch ist voller Geschichten von jungen Menschen wie Ihnen, die gelernt haben, intelligent mit ihrem Geld umzugehen. Sie erfahren, wie Lisa für ihren ersten Computer gespart hat, wie Max Spontankäufe vermieden hat und wie Anna ihre Ersparnisse investiert hat, um ihre Träume zu verwirklichen. Jede Geschichte ist eine Lektion, die Ihnen zeigt, dass es möglich ist, die Kontrolle über Ihre Finanzen zu übernehmen, unabhängig von Ihrem Alter.

Lisa begann zum Beispiel damit, jede Woche ihr Taschengeld zu sparen. Sie hat sich ein klares Ziel gesetzt: für ihr Studium einen neuen Computer zu kaufen. Anstatt ihr Geld hier und da für Kleinigkeiten auszugeben, behielt sie ihr Ziel vor Augen und schaffte es, genug zu sparen, um den Computer zu kaufen, den sie brauchte. Ihre Geschichte zeigt, dass Ausdauer und Disziplin Ihnen helfen können, Ihre finanziellen Ziele zu erreichen.

Interaktive Aktivitäten

Wir möchten, dass Sie dieses Buch nicht nur lesen, sondern aktiv daran teilnehmen. Aus diesem Grund haben wir am Ende jedes Kapitels unterhaltsame, interaktive Aktivitäten eingefügt. Diese Aktivitäten werden Ihnen helfen, das Gelernte in die Praxis umzusetzen und gute Finanzgewohnheiten zu entwickeln. Ob es darum geht, Ihr eigenes Budget zu erstellen, Ihre Ersparnisse zu planen oder Ihre impulsiven Ausgaben zu identifizieren, diese Aktivitäten werden Sie stärker und selbstbewusster machen.

Eine Reise zum finanziellen Erfolg

Dieses Buch ist Ihr Leitfaden, um ein Experte für Geldmanagement zu werden. Es zeigt Ihnen, wie Sie sparen, klug ausgeben, investieren und sogar mit finanziellen Fehlern umgehen. Gemeinsam erkunden wir grundlegende Finanzkonzepte wie den Wert des Geldes, die Bedeutung des Sparens und die Grundlagen des Investierens. Außerdem erfahren Sie, wie Sie häufige finanzielle Fallstricke erkennen und vermeiden.

Sie erfahren zum Beispiel, warum es wichtig ist, regelmäßig zu sparen, auch wenn es jede Woche nur ein kleiner Betrag ist. Außerdem erfahren Sie, wie Sie Ihr Geld so anlegen, dass es mit der Zeit wächst. Und was am wichtigsten ist: Sie lernen, häufige Fehler zu vermeiden, die viele Menschen machen, wie zum Beispiel ihr ganzes Geld auszugeben, sobald sie es bekommen, oder auf Finanzbetrügereien hereinzufallen.

Eine Botschaft der Inspiration

Denken Sie immer daran, dass Sie die Macht haben, gute finanzielle Entscheidungen zu treffen. Dieses Buch soll Ihnen die Werkzeuge und das Selbstvertrauen geben, um erfolgreich zu sein. Sie stehen kurz vor dem Beginn einer aufregenden Reise, die Sie zur finanziellen Freiheit und zur Verwirklichung Ihrer Träume führt. Atmen Sie tief ein, schlagen Sie dieses Buch auf und bereiten Sie sich darauf vor, die unglaubliche Welt des Geldes und der Emotionen zu entdecken.

Was Sie in diesem Buch finden werden

Dieses Buch ist in mehrere Kapitel unterteilt, die jeweils einen anderen Aspekt des Geldmanagements behandeln. Hier ist eine Vorschau auf das, was Sie entdecken werden:

1. Die Bedeutung des Geldes: Eine Einführung darüber, was Geld ist und warum es in unserem täglichen Leben so wichtig ist.

2. Verstehen Sie den Wert des Geldes: Lernen Sie den Unterschied zwischen Preis und Wert kennen und wie Sie beurteilen können, was für Sie wichtig ist.

3. Die Psychologie des Sparens: Warum Sparen entscheidend ist und wie man jetzt damit anfängt.

4. Smart Spending: So treffen Sie kluge Ausgabenentscheidungen und vermeiden Impulskäufe.

5. Grundlagen des Investierens: Einführung in die Grundkonzepte des Investierens und warum ein früher Beginn von Vorteil ist.

6. Geduld und wachsendes Geld: Die Kraft des Zinseszinses und die Bedeutung von Geduld.

7. Häufige Fehler, die es zu vermeiden gilt: Häufige finanzielle Fallstricke und wie man sie vermeidet.

8. Die Psychologie des Reichtums: Verstehen, was es wirklich bedeutet, reich zu sein und wie unsere Wahrnehmungen unsere Entscheidungen beeinflussen.

9. Großzügigkeit und Geld: Die Bedeutung des Teilens und Gebens und wie es Sie in vielerlei Hinsicht bereichern kann.

10. Für die Zukunft planen: Wie man finanzielle Ziele setzt und Lebensmeilensteine plant.

11. Äußere Einflüsse auf unsere finanziellen Entscheidungen: Wie Freunde, Familie und Medien unsere Geldentscheidungen beeinflussen.

12. Finanzielle Sicherheit: Verstehen Sie die Grundlagen der finanziellen Sicherheit und wie Sie Ihr Geld schützen können.

13. Risikomanagement: Was Risiko ist und wie man es effektiv bewältigt.

14. Die Beziehung zwischen Zeit und Geld: Wie Zeit unsere finanziellen Entscheidungen beeinflusst und wie wir sie optimal nutzen können.

15. Kontinuierliche finanzielle Bildung: Wie wichtig es ist, sich ein Leben lang ständig über Geld zu informieren.

16. Selbstvertrauen und Geld: Wie Selbstvertrauen Ihre finanziellen Entscheidungen positiv beeinflussen kann.

17. Die Auswirkungen finanzieller Gewohnheiten: Wie kleine Gewohnheiten große Auswirkungen auf Ihre finanzielle Zukunft haben können.

18. Die Rolle des Glücks im Finanzwesen: Erkennen Sie die Rolle von Glück und Chancen für den finanziellen Erfolg.

19. Werte und Geld: Wie Ihre Werte Ihre finanziellen Entscheidungen beeinflussen und wie Sie Ihre Finanzen an Ihren Werten ausrichten.

20. Nachhaltigkeit und Geld: Die Bedeutung nachhaltiger und verantwortungsvoller Finanzentscheidungen.

Bereiten Sie sich auf den Erfolg vor

Wir freuen uns, Sie auf diesem Abenteuer begleiten zu dürfen. Nehmen Sie dieses Buch zur Hand, erkunden Sie seine Seiten und beginnen Sie, die darin enthaltenen Lektionen anzuwenden. Denken Sie daran: Jede große Reise beginnt mit einem ersten Schritt. Dieses Buch ist Ihr erster Schritt in Richtung eines intelligenten Geldmanagements und einer glänzenden finanziellen Zukunft. Viel Spaß beim Lesen und viel Spaß beim Abenteuer!

.

Buchplan

EINFÜHRUNG _____ 4
BUCHPLAN _____ 13
KAPITEL 1: DIE BEDEUTUNG DES GELDES _____ 15
KAPITEL 2: DEN WERT DES GELDES VERSTEHEN _____ 21
KAPITEL 3: DIE PSYCHOLOGIE DES SPARENS _____ 29
KAPITEL 4: INTELLIGENTE AUSGABEN _____ 33
KAPITEL 5: DIE GRUNDLAGEN DES INVESTIERENS ____ 38
KAPITEL 6: GEDULD UND DAS WACHSTUM DES GELDES 43
KAPITEL 7: HÄUFIGE FEHLER, DIE ES ZU VERMEIDEN GILT _____ 49
KAPITEL 8: DIE PSYCHOLOGIE DES REICHTUMS _____ 54
KAPITEL 9: GROßZÜGIGKEIT UND GELD _____ 59
KAPITEL 10: PLANUNG FÜR DIE ZUKUNFT _____ 65
KAPITEL 11: ÄUßERE EINFLÜSSE AUF UNSERE FINANZENTSCHEIDUNGEN _____ 70
KAPITEL 12: FINANZIELLE SICHERHEIT _____ 76
KAPITEL 13: RISIKOMANAGEMENT _____ 82
KAPITEL 14: DIE BEZIEHUNG ZWISCHEN ZEIT UND GELD _____ 88
KAPITEL 15: FINANZIELLE WEITERBILDUNG _____ 94
KAPITEL 16: SELBSTVERTRAUEN UND GELD _____ 100
ABSCHLUSS _____ 105

Kapitel 1: Die Bedeutung des Geldes

Stellen Sie sich vor, Sie gehen in einem dichten Wald spazieren. Die Bäume sind so hoch, dass sie fast das gesamte Sonnenlicht blockieren. Sie fühlen sich ein wenig verloren, wissen aber, dass es irgendwo einen klaren Weg gibt, der Sie an Ihr Ziel führt. Geld ist ein bisschen wie dieser Weg. Er kann Sie anleiten, Ihnen Optionen aufzeigen und Ihnen ermöglichen, fundierte Entscheidungen zu treffen.

Geld verstehen

Geld ist überall um uns herum, aber haben Sie sich jemals die Zeit genommen, sich zu fragen, was es wirklich ist? Bevor es Münzen und Banknoten gab, wurde Tauschhandel betrieben. Sie tauschten Waren und Dienstleistungen direkt aus. Beispielsweise könnte eine Bauernfamilie mit einer anderen Familie Äpfel gegen Eier eintauschen. Aber dieses System hatte seine Grenzen. Was passiert, wenn die Person mit den Äpfeln keine Eier, sondern Wolle braucht?

Hier kommt Geld ins Spiel. Geld ist zu einer praktischen Lösung für diese Börsen geworden. Es wird von allen akzeptiert, was den Handel erheblich erleichtert. Mit Geld können Sie kaufen, was Sie brauchen, und verkaufen, was Sie im Überschuss haben. Geld hat unser Leben also viel einfacher und organisierter gemacht.

Warum ist Geld wichtig?

Geld spielt eine entscheidende Rolle für unsere Sicherheit und unser Wohlbefinden. Es ermöglicht uns, unsere Grundbedürfnisse wie Nahrung, Kleidung und Unterkunft zu befriedigen. Aber es hilft uns auch, unsere Träume und Wünsche zu verwirklichen. Wenn Sie beispielsweise ein neues Spielzeug kaufen, in den Urlaub fahren oder sogar für das Studium sparen möchten, benötigen Sie Geld.

Echte Erfolgsgeschichten

Nehmen wir zum Beispiel Jade. Mit 13 Jahren träumte Jade davon, einen Computer für ihr Studium und ihre Freizeitaktivitäten zu haben. Sie fing an, ihr gesamtes Taschengeld zu sparen, und anstatt es für flüchtige Dinge auszugeben, fertigte sie Armbänder an, die sie an Freunde und Familie verkaufte. Nach und nach sammelte sie genug Geld, um den Computer zu kaufen, den sie wollte. Jade hat gelernt, dass Ausdauer und Disziplin dabei helfen können, seine Ziele zu erreichen.

Ein weiteres Beispiel ist der 16-jährige Tom. Da er sich für Technik begeisterte, sparte er Geld, um Computerteile zu kaufen. Indem er maßgeschneiderte Computer baute und diese verkaufte, amortisierte er nicht nur seine Anfangsinvestition, sondern verdiente auch genug, um sich einen Roller zu kaufen. Tom verstand, dass Geld dazu verwendet werden konnte, mehr Werte zu schaffen und größere Träume zu verwirklichen.

Geld- und Lebensentscheidungen

Geld hilft uns, Entscheidungen im Leben zu treffen. Es kann Einfluss darauf haben, wo wir leben, was wir essen und wie wir unsere Freizeit verbringen. Wenn Sie beispielsweise Ihr Taschengeld sparen, anstatt es sofort auszugeben, können Sie später möglicherweise etwas Größeres und Wichtigeres kaufen.

Schon in jungen Jahren kluge finanzielle Entscheidungen zu treffen, kann Ihnen dabei helfen, gute Gewohnheiten für die Zukunft zu entwickeln. Dadurch lernen Sie den Wert von Geld, Geduld und Disziplin kennen. Wenn Sie verstehen, wie Geld funktioniert, können Sie Ihr Leben kontrollieren und Entscheidungen treffen, die Sie glücklich machen.

Ein gesundes Verhältnis zu Geld

Es ist auch wichtig, ein gesundes Verhältnis zu Geld zu haben. Das bedeutet, dass Sie Ihre Emotionen oder Entscheidungen nicht vom Geld kontrollieren lassen. Geld sollte ein Werkzeug sein, das Ihnen hilft, Ihre Ziele zu erreichen, und keine Quelle von Stress oder Konflikten. Zu lernen, verantwortungsvoll und ausgewogen mit Geld umzugehen, ist eine wesentliche Fähigkeit, die Ihnen ein Leben lang von Nutzen sein wird.

Praxisbeispiele

Stellen wir uns vor, Sie erhalten jede Woche 10 Euro Taschengeld. Hier sind einige praktische Schritte, um dieses Geld intelligent zu nutzen:

1. Sparen: Legen Sie jede Woche 3 Euro auf ein Sparschwein oder Sparkonto. In einem Jahr haben Sie 156 Euro gespart!

2. Ausgaben: Verwenden Sie 5 Euro für Ihre wöchentlichen Ausgaben, z. B. für den Kauf von Süßigkeiten, kleinen Spielsachen oder das Ausgehen mit Freunden.

3. Spende: Spende 1 Euro für wohltätige Zwecke oder hilf jemandem in Not. Es scheint vielleicht nicht viel zu sein, aber es ist eine großartige Möglichkeit, Ihre Großzügigkeit zu entwickeln.

4. Investition: Investieren Sie mit 1 US-Dollar in etwas, mit dem Sie in Zukunft mehr Geld verdienen können, z. B. in den Kauf von Materialien für die Herstellung und den Verkauf handgefertigter Armbänder.

Geld und Verantwortung

Mit Geld geht auch Verantwortung einher. Wenn Sie beispielsweise zum Geburtstag oder zu Weihnachten Geld erhalten, haben Sie die Verantwortung, es sinnvoll einzusetzen. Das kann bedeuten, dass Sie einen Teil sparen, einen anderen Teil für wohltätige Zwecke spenden und den Rest für den Kauf von etwas verwenden, das Sie wirklich brauchen.

Sie werden auch entdecken, dass man mit Geld anderen helfen kann. Sie können sich beispielsweise dafür entscheiden, einen Teil Ihres Geldes für einen Zweck zu spenden, der Ihnen am Herzen liegt, etwa für die Tierhilfe oder die Unterstützung einer Wohltätigkeitsorganisation. Eine Geldspende kann Ihnen ein Gefühl der Zufriedenheit und Freude geben, weil Sie wissen, dass Sie zu einer wichtigen Sache beigetragen haben.

Abschluss

Geld ist ein wichtiger Teil unseres täglichen Lebens, aber es ist wichtig zu verstehen, wie es funktioniert und wie man es sinnvoll einsetzt. Dieses Buch ist Ihr Leitfaden, um zu lernen, wie Sie mit Ihrem Geld umgehen, kluge Entscheidungen treffen und eine gesunde Beziehung zu Geld aufbauen. Wenn Sie die Ratschläge und Lektionen in diesem Buch befolgen, sind Sie bestens gerüstet, um sich selbstbewusst und erfolgreich in der Finanzwelt zurechtzufinden.

Sind Sie bereit, Ihre Reise zu einem besseren Verständnis von Geld und der Entwicklung starker Finanzkompetenzen zu beginnen? Blättern Sie um und tauchen Sie ein in das faszinierende Abenteuer von Geld und Emotionen. Lass uns gehen!

Kapitel 2: Den Wert des Geldes verstehen

Der Unterschied zwischen Preis und Wert mag subtil erscheinen, ist aber für die gute Verwaltung Ihres Geldes von grundlegender Bedeutung. Der Preis ist das, was Sie für etwas bezahlen, während der Wert angibt, wie wichtig oder nützlich die Sache für Sie ist. Wenn Sie diesen Unterschied verstehen, können Sie intelligentere finanzielle Entscheidungen treffen.

Der Unterschied zwischen Preis und Wert

Stellen Sie sich vor, Sie haben zwei Spielzeuge vor sich: einen Fußball und ein Stofftier. Der Fußball kostet 15 Euro und das Stofftier 20 Euro. Wenn Sie gerne Fußball spielen und viel Zeit mit Ihren Freunden verbringen, wird der Fußball für Sie von großem Wert sein, auch wenn er weniger kostet als das Stofftier. Das Stofftier ist zwar teurer, kann aber weniger wertvoll sein, wenn Sie nicht oft damit spielen.

Inspirierende Geschichten

Nehmen wir zum Beispiel Lucas. Lucas wollte ein neues Videospiel kaufen, das 60 Euro kostete. Nachdem er darüber nachgedacht hatte, wurde ihm jedoch klar, dass er bereits mehrere Spiele hatte, die er selten spielte. Also beschloss er, das neue Spiel nicht zu kaufen und Geld zu sparen. Später nutzte er das Geld, um sich für ein Sommer-Fußballcamp anzumelden, eine Aktivität, die er wirklich liebte und die ihm viel Freude und neue Freundschaften bescherte. Lucas lernte, den Wert seiner Einkäufe einzuschätzen und Entscheidungen zu treffen, die sein Leben bereichern.

Dann ist da noch Chloes Geschichte. Chloe las gern und gab ihr Taschengeld oft für Bücher aus. Sie beschloss, der örtlichen Bibliothek beizutreten, wo sie kostenlos Bücher ausleihen konnte. Mit dem gesparten Geld konnte Chloe einen E-Reader kaufen, der ihr Zugang zu noch mehr Büchern verschaffte. Chloe lernte, den Wert ihres Geldes zu maximieren, indem sie kreative Lösungen für ihre Leidenschaften fand.

Wie man den Wert von Dingen einschätzt

Um den Wert einer Sache einzuschätzen, stellen Sie sich die folgenden Fragen:

1. Wie lange werde ich es verwenden? Je öfter Sie etwas nutzen, desto höher ist sein Wert für Sie.

2. Bringt es mir Freude oder verbessert es mein Leben? Wenn etwas Sie glücklich macht oder Ihr Leben einfacher macht, ist sein Wert wichtig.

3. Ist es den Preis wert, den ich zahle? Manchmal mag etwas teuer erscheinen, aber wenn der Wert für Sie sehr hoch ist, kann es sich lohnen.

Praktische Aktivitäten

Probieren Sie die folgenden Aktivitäten aus, um den Wert des Geldes besser zu verstehen:

1. Werteliste: Erstellen Sie eine Liste der fünf wertvollsten Dinge, die Sie besitzen. Schreiben Sie dann auf, wie viel Sie dafür bezahlt haben und warum sie für Sie wertvoll sind. Dies wird Ihnen helfen, den Unterschied zwischen Preis und Wert zu erkennen.

2. Ausgabentagebuch: Notieren Sie eine Woche lang alles, was Sie kaufen und wie viel Sie ausgeben. Denken Sie am Ende der Woche über den Wert jedes einzelnen Einkaufs nach. Dies wird Ihnen helfen, sich über Ihre Ausgaben im Klaren zu sein und den Wert Ihrer Einkäufe besser einschätzen zu können.

3. Familiengespräch: Sprechen Sie mit Ihrer Familie darüber, wie sie Dinge wertschätzt. Bitten Sie sie um Rat, wie Sie kluge finanzielle Entscheidungen treffen können.

Abschluss

Den Unterschied zwischen Preis und Wert zu verstehen, ist eine wesentliche Fähigkeit für den intelligenten Umgang mit Ihrem Geld. Indem Sie lernen, den Wert Ihrer Einkäufe einzuschätzen, können Sie intelligentere Entscheidungen treffen und Ihr Geld effizienter einsetzen. Denken Sie daran, dass der wahre Wert des Geldes darin liegt, wie es Ihr Leben verbessern und Ihnen helfen kann, Ihre Ziele zu erreichen.

Praxisbeispiele

Um den Wert des Geldes besser zu verstehen, hier einige praktische Beispiele:

1. Bewusster Kauf: Nehmen Sie sich vor dem Kauf die Zeit, über den Wert für Sie nachzudenken. Fragen Sie sich, ob Sie das wirklich brauchen oder ob es nur ein vorübergehender Wunsch ist. Überlegen Sie sich beispielsweise vor dem Kauf eines neuen Spielzeugs, wie lange Sie damit spielen werden und ob es Ihnen wirklich langfristig Freude bereiten wird.

2. Sparen für Ziele: Wenn Sie ein bestimmtes Ziel haben, z. B. ein Fahrrad kaufen oder einen Schulausflug machen, sparen Sie Geld, um dieses Ziel zu erreichen. Die Befriedigung, einen Traum zu verwirklichen oder ein Ziel zu erreichen, ist oft viel mehr wert als Impulskäufe.

3. In sich selbst investieren: Manchmal ist es sinnvoll, Geld für Dinge auszugeben, die Sie wachsen lassen oder Ihnen etwas Neues beibringen. Beispielsweise können der Kauf von Lehrbüchern, die Teilnahme an Musikunterricht oder die Teilnahme an sportlichen Aktivitäten wertvolle Investitionen in Ihre Zukunft sein.

Inspirierende Geschichten

Um Ihnen zu zeigen, wie erfolgreich es ist, diesen Prinzipien zu folgen, finden Sie hier einige inspirierende Geschichten von jungen Menschen wie Ihnen:

- Jades Geschichte: Die 13-jährige Jade begann mit der Herstellung von Armbändern und Halsketten aus Perlen, die sie von ihrem Taschengeld gekauft hatte. Sie verkaufte ihre Kreationen an Freunde und Familie, dann auf einer Website. Innerhalb weniger Monate hatte Jade genug Geld verdient, um ein neues Fahrrad zu kaufen und für einen Familienausflug zu sparen. Jade hat gelernt, dass man mit Geld ein kleines Unternehmen gründen und große Träume verwirklichen kann.

- Toms Geschichte: Tom, 16 Jahre alt, hatte schon immer eine Leidenschaft für Technik. Er beschloss, sein Taschengeld zu sparen, um Computerteile zu kaufen und maßgeschneiderte Computer zusammenzubauen. Durch den Verkauf amortisierte er nicht nur seine Anfangsinvestition, sondern erwirtschaftete auch einen Gewinn, den er in den Ausbau seines Geschäfts reinvestierte. Heute ist Tom in seiner Nachbarschaft für seine Computerkenntnisse bekannt und sein Unternehmen wächst weiter.

- Sarah und ihre Ersparnisse: Sarah, 12 Jahre alt, wollte Geld für einen teuren Schulausflug sparen. Sie begann damit, ihr Taschengeld zu sparen und beschloss dann, als Babysitterin aufzupassen, um etwas dazuzuverdienen. Innerhalb weniger Monate hatte Sarah genug gespart, um ihren Schulausflug zu finanzieren, und hatte sogar Geld für andere Aktivitäten beiseite gelegt. Sie lernte, wie wichtig Disziplin und Finanzplanung sind.

Abschluss

Geld ist ein wichtiger Teil unseres täglichen Lebens, aber es ist wichtig zu verstehen, wie es funktioniert und wie man es sinnvoll einsetzt. Dieses Buch ist Ihr Leitfaden, um zu lernen, wie Sie mit Ihrem Geld umgehen, kluge Entscheidungen treffen und eine gesunde Beziehung zu Geld aufbauen. Wenn Sie die Ratschläge und Lektionen in diesem Buch befolgen, sind Sie bestens gerüstet, um sich selbstbewusst und erfolgreich in der Finanzwelt zurechtzufinden.

Sind Sie bereit, Ihre Reise zu einem besseren Verständnis von Geld und der Entwicklung starker Finanzkompetenzen zu beginnen? Blättern Sie um und tauchen Sie ein in das faszinierende Abenteuer von Geld und Emotionen. Lass uns gehen!

Kapitel 3: Die Psychologie des Sparens

Stellen Sie sich vor, Sie bauen eine Sandburg. Jedes Sandkorn zählt und mit der Zeit sehen Sie, wie Ihr Schloss Gestalt annimmt und zu etwas Großartigem wird. Sparen ist ein bisschen das Gleiche. Jeder kleine Betrag, den Sie beiseite legen, trägt zu etwas Größerem und Bedeutenderem bei.

Warum Sparen wichtig ist

Sparen ist aus mehreren Gründen unerlässlich. Es ermöglicht Ihnen, sich auf die Zukunft vorzubereiten, mit unvorhergesehenen Ereignissen umzugehen und Ihre Träume wahr werden zu lassen. Das Ersparte gibt Ihnen Sicherheit und ermöglicht Ihnen, Entscheidungen stressfrei zu treffen.

Inspirierende Geschichten

Nehmen wir zum Beispiel Sarah. Sarah, 12, wollte Geld für einen teuren Schulausflug sparen. Sie begann damit, ihr Taschengeld zu sparen und beschloss dann, als Babysitterin aufzupassen, um etwas dazuzuverdienen. Innerhalb weniger Monate hatte Sarah genug gespart, um ihren Schulausflug zu finanzieren, und hatte sogar Geld für andere Aktivitäten beiseite gelegt. Sie lernte, wie wichtig Disziplin und Finanzplanung sind.

So beginnen Sie mit dem Sparen

Um mit dem Sparen zu beginnen, brauchen Sie nicht viel Geld. Hier sind einige einfache Schritte, um loszulegen:

1. Sparziele festlegen: Entscheiden Sie, warum Sie sparen möchten. Ob für ein Spielzeug, ein Gadget, eine Reise oder sogar für Ihre Zukunft: Ein klares Ziel motiviert Sie zum Sparen.

2. Erstellen Sie ein Budget: Notieren Sie Ihre Einnahmen (Taschengeld, Gelegenheitsjobs, Geschenke) und Ihre Ausgaben. Dadurch erhalten Sie eine klare Vorstellung davon, was Sie jede Woche oder jeden Monat beiseite legen können.

3. Legen Sie einen Teil Ihres Einkommens beiseite: Sobald Sie Geld erhalten, legen Sie einen festen Prozentsatz beiseite, bevor Sie etwas ausgeben. Schon 10 % deines Taschengeldes können auf lange Sicht einen großen Unterschied machen.

4. Nutzen Sie ein Sparschwein oder Sparkonto: Wählen Sie einen sicheren Ort, an dem Sie Ihr Geld beiseite legen können. Ein Sparschwein kann ein guter Anfang sein, aber noch besser ist die Eröffnung eines Sparkontos bei der Bank.

Praktische Aktivitäten

Probieren Sie die folgenden Aktivitäten aus, um Ihnen den Einstieg ins Sparen zu erleichtern:

1. Legen Sie ein Sparziel fest: Wählen Sie etwas aus, für das Sie sparen möchten, und notieren Sie, wie viel Sie wie schnell sparen müssen.

2. Erstellen Sie ein Budget: Erstellen Sie eine Liste Ihrer Einnahmen und Ausgaben. So sehen Sie, wo Sie sparen können.

3. Automatisches Sparen: Wenn möglich, bitte deine Eltern, das

automatische Sparen für dich einzurichten. Beispielsweise könnte automatisch jede Woche ein Teil Ihres Taschengeldes auf die Seite gelegt werden.

Abschluss

Sparen ist eine wertvolle Angewohnheit, die Ihnen helfen kann, Ihre Ziele zu erreichen und sich auf die Zukunft vorzubereiten. Wenn Sie jetzt beginnen, können Sie gute Finanzgewohnheiten entwickeln, die Ihnen ein Leben lang von Nutzen sein werden. Denken Sie daran, dass jedes kleine bisschen zählt und Ihre Ersparnisse mit der Zeit zu etwas Großem und Bedeutendem werden können.

Sind Sie bereit zu lernen, wie Sie Ihr Geld sinnvoll ausgeben und Spontankäufe vermeiden? Blättern Sie um und tauchen Sie ein in das nächste Kapitel!

Kapitel 4: Intelligente Ausgaben

Jedes Mal, wenn Sie Geld ausgeben, treffen Sie eine Wahl. Sie entscheiden sich dafür, bestimmten Bedürfnissen oder Wünschen Vorrang vor anderen zu geben. Mit Bedacht auszugeben bedeutet, diese Entscheidungen mit Bedacht und strategisch zu treffen, um den Wert Ihres Geldes zu maximieren.

Treffen Sie fundierte Entscheidungen

Mit Bedacht Geld auszugeben beginnt damit, den Unterschied zwischen Bedürfnissen und Wünschen zu verstehen. Bedürfnisse sind Dinge, die für Ihr Überleben und Ihr Wohlbefinden unerlässlich sind, wie etwa Nahrung, Kleidung und Unterkunft. Wünsche sind Dinge, die man gerne hätte, aber nicht unbedingt braucht, wie ein neues Videospiel oder ein Paar modische Schuhe.

Nehmen wir das Beispiel von Max. Max erhält jeden Monat 20 Euro Taschengeld. Er möchte sich eine neue Spielekonsole kaufen, die 300 Euro kostet, braucht aber auch einen neuen Mantel für den Winter. Max beschließt, jeden Monat einen Teil seines Geldes für die Konsole beiseite zu legen, verwendet aber einen Teil seiner Ersparnisse, um den Mantel zu kaufen, den er braucht. Max hat gelernt, seine Bedürfnisse und Wünsche in Einklang zu bringen.

Vermeiden Sie Impulskäufe

Impulskäufe sind Einkäufe, die Sie tätigen, ohne wirklich darüber nachzudenken. Sie werden oft durch bestimmte Emotionen oder

Situationen motiviert, etwa wenn sie ein Spielzeug im Angebot sehen oder einen plötzlichen Drang verspüren. Diese Einkäufe können Ihre Ersparnisse schnell aufzehren.

Hier sind einige Tipps, um Impulskäufe zu vermeiden:

1. Nehmen Sie sich Zeit zum Nachdenken: Machen Sie eine Pause, bevor Sie etwas kaufen. Fragen Sie sich, ob Sie es wirklich brauchen oder ob es nur ein vorübergehender Wunsch ist.

2. Erstellen Sie eine Einkaufsliste: Wenn Sie einkaufen gehen, erstellen Sie eine Liste mit den Dingen, die Sie wirklich benötigen, und halten Sie sich daran.

3. Legen Sie ein Budget fest: Legen Sie im Voraus fest, wie viel Sie ausgeben möchten, und überschreiten Sie diesen Betrag nicht.

Inspirierende Geschichten

Anna, 15, ist ein junges Mädchen, das Kleidung wirklich mag. Früher gab sie jeden Monat ihr gesamtes Taschengeld für neue Outfits aus. Doch eines Tages beschloss sie, ein Budget festzulegen und nicht mehr spontan Kleidung zu kaufen. Sie lernte, Preise zu vergleichen und auf Verkäufe zu warten. Innerhalb weniger Monate hatte Anna genug gespart, um ein wunderschönes Kleid zu kaufen, das sie sich schon immer gewünscht hatte. Sie lernte, dass kluges Ausgeben nicht bedeutet, sich selbst zu benachteiligen, sondern durchdachtere Entscheidungen zu treffen.

So legen Sie ein Budget fest

Die Festlegung eines Budgets ist ein entscheidender Schritt, um sinnvoll auszugeben. So geht's:

1. Notieren Sie Ihr Einkommen: Notieren Sie, wie viel Geld Sie jede Woche oder jeden Monat erhalten (Taschengeld, Gelegenheitsjobs, Geschenke).

2. Listen Sie Ihre Ausgaben auf: Erstellen Sie eine Liste aller Ihrer Ausgaben (Lebensmittel, Freizeit, Kleidung).

3. Ausgabenlimits festlegen: Legen Sie für jede Ausgabenkategorie ein Limit fest und versuchen Sie, dieses nicht zu überschreiten.

4. Bewerten und anpassen: Schauen Sie sich am Ende des Monats an, wofür Sie Ihr Geld ausgegeben haben, und passen Sie Ihr Budget gegebenenfalls an.

Praktische Aktivitäten

Probieren Sie die folgenden Aktivitäten aus, um Ihre Ausgaben besser verwalten zu können:

1. Erstellen Sie ein Budgetdiagramm: Notieren Sie Ihre Einnahmen und Ausgaben mithilfe eines Notizbuchs oder einer App. Überprüfen Sie regelmäßig, ob Sie Ihr Budget einhalten.

2. Machen Sie eine No-Spend-Challenge: Wählen Sie einen Zeitraum (eine Woche oder einen Monat), in dem Sie versuchen, kein Geld für Wünsche, sondern nur für Bedürfnisse auszugeben. Sehen Sie, wie viel Sie sparen können.

3. Preise vergleichen: Vergleichen Sie vor dem Kauf die Preise in verschiedenen Geschäften oder online, um das beste Angebot zu finden.

Abschluss

Kluges Ausgeben ist eine wesentliche Fähigkeit für den guten Umgang mit Ihrem Geld. Dazu gehört es, wohlüberlegte Entscheidungen zu treffen, Spontankäufe zu vermeiden und sich an ein Budget zu halten. Indem Sie lernen, klug auszugeben, können Sie den Wert Ihres Geldes maximieren und Ihre finanziellen Ziele schneller erreichen.

Sind Sie bereit, die Welt des Investierens zu erkunden und zu erfahren, wie Sie Ihr Geld wachsen lassen? Blättern Sie um und tauchen Sie ein in das nächste Kapitel!

Kapitel 5: Die Grundlagen des Investierens

Investieren bedeutet, dass Ihr Geld für Sie arbeitet. Es ist, als würde man einen Samen pflanzen und zusehen, wie er zu einem Baum heranwächst, der Jahr für Jahr Früchte trägt. Investieren mag komplex erscheinen, aber mit ein paar Grundlagen können Sie beginnen zu verstehen, wie Ihr Geld im Laufe der Zeit wachsen kann.

Was ist Investition?

Beim Investieren verwenden Sie Ihr Geld, um etwas zu kaufen, dessen Wert im Laufe der Zeit steigen kann. Dazu können Aktien, Anleihen, Immobilien oder sogar Ihre Ausbildung gehören. Das Ziel besteht darin, Ihr Geld wachsen zu lassen, damit Sie in Zukunft mehr haben können.

Warum eine frühzeitige Investition von Vorteil ist

Zeit ist einer der besten Verbündeten des Anlegers. Je früher Sie mit der Investition beginnen, desto mehr Zeit hat Ihr Geld, um zu wachsen. Dieses Phänomen ist auf den sogenannten Zinseszins zurückzuführen, bei dem die Gewinne aus Ihrer Anlage wiederum Gewinne generieren. Es ist wie ein Schneeball, der größer wird, je weiter er einen Hügel hinunterfliegt.

Nehmen wir Julies Beispiel. Julie begann im Alter von 15 Jahren zu investieren und kaufte Aktien mit dem Geld, das sie als Babysitterin verdiente. Indem Julie regelmäßig investiert und ihr Geld für sich arbeiten lässt, ist ihr Portfolio im Laufe der Jahre erheblich gewachsen. Mit 25 hatte sie eine schöne Summe Geld, mit der sie ihr erstes Haus kaufen konnte.

Arten von Investitionen

Es gibt verschiedene Arten von Investitionen, jede mit ihren eigenen Vorteilen und Risiken. Hier sind einige der häufigsten:

1. Aktien: Der Kauf von Aktien bedeutet, einen Anteil an einem Unternehmen zu besitzen. Wenn es dem Unternehmen gut geht, kann der Wert Ihrer Aktien steigen. Allerdings besteht auch das Risiko, dass der Wert der Aktien sinkt.

2. Anleihen: Anleihen sind Kredite, die Sie einem Unternehmen oder einer Regierung gewähren. Im Gegenzug zahlen sie Ihnen Zinsen. Anleihen sind im Allgemeinen weniger riskant als Aktien, bieten aber auch geringere Renditen.

3. Immobilien: Bei einer Investition in Immobilien handelt es sich um den Kauf von Vermögenswerten wie Häusern oder Wohnungen. Der Wert dieser Immobilien kann mit der Zeit steigen und auch durch die Vermietung lässt sich Geld verdienen.

4. Bildung: Die Investition in Ihre Bildung ist eine der besten Investitionen, die Sie tätigen können. Die Fähigkeiten und Kenntnisse, die Sie erlernen, können Ihnen helfen, in Zukunft mehr Geld zu verdienen.

Inspirierende Geschichten

Marcos Geschichte ist ein großartiges Beispiel. Marco, 16, sparte das Geld, das er mit dem Rasenmähen verdiente, um Aktien eines Technologieunternehmens zu kaufen. Er nahm sich die Zeit, sich über den Aktienmarkt zu informieren und wählte seine Aktien sorgfältig aus. Einige Jahre später hatte sich der Wert seiner Aktien verdoppelt. Marco hat gelernt, dass Investitionen Geduld und Recherche erfordern, aber sehr lohnend sein können.

So beginnen Sie mit dem Investieren

Der Einstieg ins Investieren kann einschüchternd wirken, aber hier sind einige Schritte, die Ihnen den Einstieg erleichtern:

1. Informieren Sie sich: Bevor Sie mit dem Investieren beginnen, nehmen Sie sich die Zeit, sich über die verschiedenen Anlagearten und deren Funktionsweise zu informieren. Lesen Sie Bücher, nehmen Sie an Online-Kursen teil oder sprechen Sie mit Experten.

2. Fangen Sie klein an: Sie brauchen nicht viel Geld, um mit dem Investieren zu beginnen. Selbst ein kleiner Betrag kann dank Zinseszins mit der Zeit wachsen.

3. Diversifizieren Sie Ihre Investitionen: Legen Sie nicht alle Eier in einen Korb. Durch die Investition in verschiedene Arten von Vermögenswerten kann das Risiko verringert werden.

4. Seien Sie geduldig: Investieren ist ein langfristiges Spiel. Erwarten Sie keine sofortigen Ergebnisse. Geben Sie Ihren Investitionen Zeit zum Wachsen.

Praktische Aktivitäten

Probieren Sie die folgenden Aktivitäten aus, um Ihnen den Einstieg ins Investieren zu erleichtern:

1. Simulationsspiel: Verwendet einen Online-Börsensimulator, um den Kauf und Verkauf von Aktien zu üben, ohne echtes Geld zu riskieren.

2. Recherchieren Sie Investitionen: Wählen Sie ein Unternehmen aus, das Sie interessiert, und recherchieren Sie dessen finanzielle Leistung. Versuchen Sie zu verstehen, warum seine Aktie eine gute Investition sein könnte.

3. Verfolgen Sie ein Portfolio: Erstellt ein fiktives Portfolio mit Aktien, Anleihen und anderen Anlagen. Verfolgen Sie die Leistung im Laufe der Zeit, um zu sehen, wie sie sich entwickelt.

Abschluss

Investieren ist eine wertvolle Fähigkeit, die Ihnen helfen kann, Ihr Geld zu vermehren und Ihre finanziellen Ziele zu erreichen. Indem Sie früh damit beginnen und sich die Grundlagen des Investierens aneignen, können Sie sich einen Vorsprung in eine sichere finanzielle Zukunft verschaffen. Denken Sie daran, dass Investitionen Geduld und Recherche erfordern, aber die Belohnungen können groß sein.

Sind Sie bereit, die Macht des Zinseszinses zu erkunden und zu verstehen, warum Geduld beim Investieren unerlässlich ist? Blättern Sie um und tauchen Sie ein in das nächste Kapitel!

Kapitel 6: Geduld und das Wachstum des Geldes

Stellen Sie sich vor, Sie pflanzen einen Baum in Ihrem Garten. In den ersten Tagen scheint sich daran nicht viel zu ändern. Aber mit der Zeit wächst es, seine Zweige breiten sich aus und schließlich trägt es Früchte. Geld anlegen und Geld sparen funktionieren auf die gleiche Weise. Das Wachstum mag zunächst langsam erscheinen, aber mit Geduld können die Ergebnisse erstaunlich sein.

Die Macht des Zinseszinses

Der Zinseszins ist wie Investitionsmagie. Sie sorgen dafür, dass Ihr Geld schneller wächst, weil Sie Zinsen auf Ihr Anfangskapital und die bereits verdienten Zinsen erhalten. Je länger Sie Ihr Geld für sich arbeiten lassen, desto mehr kann es wachsen.

Nehmen wir zum Beispiel Emma. Im Alter von 12 Jahren eröffnete Emma ein Sparkonto mit 100 Euro. Sie beschloss, 10 Euro pro Monat einzuzahlen. Bei einem jährlichen Zinssatz von 5 % begann sein Geld zu wachsen. Nach 10 Jahren hatte sie dank Zinseszins viel mehr als ursprünglich eingezahlt. Emma versteht, dass Zeit und Geduld die besten Freunde eines Anlegers sind.

Warum Geduld eine Tugend ist, wenn es um Geld geht

Geduld ist entscheidend, wenn es um Geld geht. Die Finanzmärkte können volatil sein und Höhen und Tiefen aufweisen. Es ist leicht, in Panik zu geraten und impulsive Entscheidungen zu treffen, aber ruhig und geduldig zu bleiben ist oft die beste Strategie. Erfolgreiche Anleger wissen, dass echtes Wachstum mit der Zeit einhergeht.

Inspirierende Geschichten

Leos Geschichte ist ein großartiges Beispiel. Im Alter von 14 Jahren begann Leo, mit dem Geld, das er verdiente, in Aktien zu investieren, indem er seinem Nachbarn bei der Gartengestaltung half. Zunächst sah er keine große Veränderung im Wert seiner Investitionen. Er investierte aber weiterhin regelmäßig und reinvestierte die erhaltenen Dividenden. Mit 24 Jahren waren seine Investitionen deutlich gestiegen, so dass er sich ein Auto kaufen und sein Studium finanzieren konnte. Löwe hat gelernt, dass Geduld und Beständigkeit für das Geldwachstum unerlässlich sind.

Wie man finanzielle Geduld entwickelt

Es ist nicht immer einfach, finanzielle Geduld zu entwickeln, aber hier sind einige Tipps, die Ihnen helfen können:

1. Setzen Sie sich langfristige Ziele: Klare, realistische Ziele für die Zukunft können Ihnen helfen, konzentriert und geduldig zu bleiben.

2. Vermeiden Sie es, Ihre Investitionen ständig zu überprüfen: Eine zu genaue Überwachung der täglichen Performance Ihrer Investitionen kann Sie verunsichern. Legen Sie bestimmte Zeiten fest, um Ihre Fortschritte zu bewerten, beispielsweise einmal im Monat oder im Quartal.

3. Diversifizieren Sie Ihre Anlagen: Ein diversifiziertes Portfolio kann das Risiko reduzieren und Ihnen helfen, geduldig zu bleiben, auch wenn sich einige Anlagen kurzfristig nicht gut entwickeln.

4. Erinnern Sie sich an die Geschichte des Zinseszinses: Denken Sie daran, dass es Zeit braucht, bis der Zinseszins seine Wirkung entfaltet, auf lange Sicht jedoch große Auswirkungen haben kann.

Praktische Aktivitäten

Probieren Sie die folgenden Aktivitäten aus, um Geduld zu entwickeln und das Wachstum des Geldes zu verstehen:

1. Zinseszins-Simulator: Nutzen Sie einen Online-Simulator, um zu sehen, wie Ihr Geld mit Zinseszinsen über mehrere Jahre hinweg wachsen kann.

2. Finanzjournal: Führen Sie ein Tagebuch, in dem Sie Ihre finanziellen Ziele, Investitionen und Gedanken zum Geldmanagement aufschreiben. Lesen Sie es regelmäßig noch einmal, um sich daran zu erinnern, warum Sie investieren und wie wichtig Geduld ist.

3. Historische Fallstudie: Lesen Sie Geschichten berühmter Investoren, die durch Geduld und eine langfristige Strategie erfolgreich waren. Dies kann Sie inspirieren und motivieren, geduldig zu bleiben.

Abschluss

Geduld ist eine wesentliche Tugend, wenn es um Finanzen geht. Wenn Sie die Kraft des Zinseszinses und des langsamen, aber stetigen Geldwachstums verstehen, können Sie sich weiterhin auf Ihre langfristigen Ziele konzentrieren. Indem Sie Geduld kultivieren und durchdachte Entscheidungen treffen, können Sie sehen, dass Ihr Geld im Laufe der Zeit erheblich wächst.

Sind Sie bereit, häufige Fehler zu erfahren, die Menschen mit ihrem Geld machen, und wie man sie vermeidet? Blättern Sie um und tauchen Sie ein in das nächste Kapitel!

Kapitel 7: Häufige Fehler, die es zu vermeiden gilt

Die Verwaltung Ihres Geldes ist eine wesentliche Fähigkeit, aber dabei können leicht Fehler passieren. Wenn Sie lernen, diese Fehler zu erkennen und zu vermeiden, können Sie sich viel Stress ersparen und Ihre finanziellen Ziele im Auge behalten. In diesem Kapitel untersuchen wir häufige Fehler, die Menschen im Umgang mit ihrem Geld machen, und wie man sie vermeiden kann.

Impulsive Ausgaben

Impulsive Ausgaben sind Einkäufe, die Sie tätigen, ohne darüber nachzudenken. Sie werden oft durch plötzliche Emotionen oder Wünsche motiviert. Diese Anschaffungen mögen auf den ersten Blick klein erscheinen, aber sie summieren sich schnell und können Ihr Budget belasten.

Nehmen Sie das Beispiel von Clara. Clara liebte Gadgets und kaufte oft technisches Zubehör, wenn es im Angebot war. Am Ende des Monats fehlte ihr oft das Geld für wichtigere Dinge. Clara hat gelernt, eine Liste ihrer Bedürfnisse zu erstellen und 24 Stunden zu warten, bevor sie einen Impulskauf tätigt. Dadurch konnte er seine Ausgaben besser kontrollieren.

Kein Budget haben

Ein Budget ist ein Plan für Ihre Finanzen. Es hilft Ihnen zu wissen, wie viel Geld Sie erhalten, wie viel Sie ausgeben und wie viel Sie sparen können. Kein Budget zu haben ist wie Segeln ohne Karte. Sie riskieren, mehr auszugeben, als Sie verdienen, und am Ende Schulden zu machen.

Sams Beispiel ist aufschlussreich. Sam verfolgte seine Ausgaben nicht und gab am Ende immer sein gesamtes Taschengeld aus, ohne etwas zu sparen. Eines Tages beschloss er, ein einfaches Budget zu erstellen. Er notierte seine Einnahmen und Ausgaben und legte für jede Kategorie Grenzen fest. Innerhalb weniger Monate konnte Sam genug Geld sparen, um das Skateboard zu kaufen, das er sich schon lange gewünscht hatte.

Ersparnisse ignorieren

Nicht zu speichern ist ein häufiger Fehler. Sparen ermöglicht es Ihnen, sich auf die Zukunft vorzubereiten und mit unerwarteten Ereignissen umzugehen. Ohne Ersparnisse riskieren Sie, im Notfall in Schwierigkeiten zu geraten.

Lucas' Geschichte ist ein gutes Beispiel. Lucas gab sein gesamtes Taschengeld aus, sobald er es erhalten hatte. Eines Tages ging sein Fahrrad kaputt und er hatte kein Geld, es zu reparieren. Er musste Monate warten, um genug Geld für die Reparatur zu sparen. Lucas hat gelernt, wie wichtig es ist, regelmäßig einen Teil seines Geldes zu sparen, um bei Bedarf bereit zu sein.

Investieren Sie nicht

Es mag sicher erscheinen, Ihr gesamtes Geld auf einem Sparkonto zu lassen, aber wenn Sie nicht investieren, verpassen Sie Gelegenheiten, Ihr Geld zu vermehren. Investieren ist mit Risiken verbunden, bietet aber auch viel größere potenzielle Gewinne.

Nehmen wir zum Beispiel Emma. Emma hatte viel Geld gespart, aber sie ließ alles auf ihrem Sparkonto, wo sie kaum Zinsen verdiente. Nachdem sie die Grundlagen des Investierens erlernt hatte, beschloss sie, einen Teil ihrer Ersparnisse in Aktien und Anleihen zu investieren. Einige Jahre später war der Wert ihrer Investitionen erheblich gestiegen, sodass sie Projekte durchführen konnte, die sie sonst nicht hätte finanzieren können.

Lassen Sie sich von anderen beeinflussen

Es ist leicht, sich beim Geldausgeben von Freunden, Familie oder Werbung beeinflussen zu lassen. Allerdings kann es zu schlechten finanziellen Entscheidungen führen, wenn man blind den Ratschlägen anderer folgt, ohne an die eigenen Bedürfnisse und Ziele zu denken.

Das Beispiel des Paulus ist lehrreich. Paul kaufte oft Kleidung und Gadgets, weil seine Freunde sie hatten. Schnell stellte er fest, dass ihm das Geld ausging und er nichts angespart hatte. Paul lernte, finanzielle Entscheidungen auf der Grundlage seiner eigenen Bedürfnisse und Prioritäten zu treffen, anstatt anderen zu folgen. Er begann, für seine eigenen Ziele zu sparen und zu investieren.

Praktische Aktivitäten

Probieren Sie die folgenden Aktivitäten aus, um diese häufigen Fehler zu vermeiden:

1. Erstellen Sie ein Budget: Notieren Sie Ihre Einnahmen und Ausgaben mithilfe eines Notizbuchs oder einer App. Setzen Sie für jede Kategorie Grenzen und halten Sie sich daran.

2. Automatisches Sparen: Richten Sie ein System ein, bei dem jede Woche oder jeder Monat automatisch ein Teil Ihres Taschengeldes zur Seite gelegt wird.

3. Impulskauf-Tagebuch: Notieren Sie alle Impulskäufe, die Sie tätigen, und denken Sie darüber nach, warum Sie sie getätigt haben. Versuchen Sie, diese Anschaffungen zu reduzieren, indem Sie sich die Zeit nehmen, nachzudenken, bevor Sie Geld ausgeben.

Abschluss

Das Vermeiden häufiger finanzieller Fehler kann Ihnen helfen, Ihre Ziele im Auge zu behalten und den Wert Ihres Geldes zu maximieren. Indem Sie sich dieser Fehler bewusst sind und Maßnahmen zu ihrer Vermeidung ergreifen, können Sie Ihr Finanzmanagement verbessern und sich auf eine sichere finanzielle Zukunft vorbereiten.

Sind Sie bereit herauszufinden, was es wirklich bedeutet, reich zu sein und wie unsere Wahrnehmungen unsere finanziellen Entscheidungen beeinflussen? Blättern Sie um und tauchen Sie ein in das nächste Kapitel!

Kapitel 8: Die Psychologie des Reichtums

Reichtum wird nicht nur an der Menge an Geld gemessen, die man hat. Es ist auch eine Frage der Wahrnehmung und der persönlichen Werte. In diesem Kapitel wird untersucht, was es wirklich bedeutet, reich zu sein und wie unsere Wahrnehmung von Reichtum unsere finanziellen Entscheidungen beeinflusst.

Was ist Reichtum?

Reichtum kann für verschiedene Menschen unterschiedliche Bedeutungen haben. Für einige bedeutet es den Besitz vieler materieller Güter und einer großen Geldsumme. Für andere kann es bedeuten, Freizeit zu haben, bereichernde Erfahrungen zu machen oder starke Beziehungen zu Familie und Freunden zu haben.

Nehmen wir das Beispiel von Léa und Paul. Léa verdient viel Geld mit langen Arbeitszeiten in einem großen Unternehmen. Sie kann kaufen, was sie will, hat aber wenig Zeit für sich und ihre Freunde. Paul wiederum verdient weniger Geld, arbeitet aber in einem Bereich, der ihn fasziniert und ihm Zeit für seine Hobbys und seine Familie lässt. Für Paulus liegt Reichtum in der Qualität seines Lebens und nicht in der Menge seines Besitzes.

Die Wahrnehmung von Reichtum

Unsere Wahrnehmung von Reichtum hat großen Einfluss auf unsere finanziellen Entscheidungen. Wenn wir denken, dass Reichtum nur am Geld gemessen wird, könnten wir versucht sein, viel auszugeben, um in den Augen anderer reich zu erscheinen, selbst wenn das bedeutet, dass wir uns verschulden. Wenn wir Reichtum dagegen als einen Geisteszustand oder eine Lebensqualität betrachten, neigen wir möglicherweise eher dazu, zu sparen und zu investieren, um dauerhaftes Wohlbefinden zu erreichen.

Marys Geschichte ist ein gutes Beispiel. Marie wuchs mit dem Gedanken auf, dass sie, um glücklich zu sein, die neuesten Modetrends und Gadgets besitzen müsse. Sie gab viel aus, um die gleichen Dinge wie ihre Freunde zu haben, aber das führte oft zu Stress und Schulden. Nach der Teilnahme an einem Finanzmanagement-Workshop erkannte Marie, dass wahrer Reichtum darin besteht, schuldenfrei zu leben und die Freiheit zu haben, selbst zu entscheiden, wofür man seine Zeit und sein Geld einsetzt. Sie begann zu sparen und zu investieren und fand größeres Glück in finanzieller Sicherheit und Lebenserfahrungen.

Werte und Reichtum

Unsere persönlichen Werte spielen eine entscheidende Rolle dabei, wie wir unser Geld betrachten und verwenden. Wenn wir Wert auf Sicherheit und Stabilität legen, ist es wahrscheinlicher, dass wir umsichtig sparen und investieren. Wenn wir Wert auf Abenteuer und Erlebnisse legen, geben wir möglicherweise mehr für Reisen und die Erkundung neuer Aktivitäten aus.

Das Beispiel von Tom und Lisa veranschaulicht dies gut. Tom legt Wert auf finanzielle Sicherheit und spart jeden Monat einen großen Teil seines Einkommens. Er investiert umsichtig und fühlt sich sicher, weil er über ein finanzielles Polster für den Fall verfügt, dass etwas Unerwartetes passiert. Lisa hingegen legt Wert auf Erlebnisse und Reisen. Sie spart auch, aber einen Teil ihres Geldes verwendet sie für Reisen und Abenteuer. Beide sind auf ihre Art reich, weil sie ihr Geld im Einklang mit ihren persönlichen Werten verwenden.

Praktische Aktivitäten

Probieren Sie die folgenden Aktivitäten aus, um Ihre eigene Wahrnehmung von Reichtum und den Einfluss, den dieser auf Ihre finanziellen Entscheidungen hat, besser zu verstehen:

1. Denken Sie über Ihre Werte nach: Nehmen Sie sich Zeit, darüber nachzudenken, was Ihnen wirklich wichtig ist. Schreiben Sie eine Liste Ihrer Werte und was Reichtum für Sie bedeutet.

2. Analysieren Sie Ihre Ausgaben: Sehen Sie sich Ihre letzten Ausgaben an und prüfen Sie, ob sie mit Ihren Werten übereinstimmen. Wenn Sie viel für Dinge ausgeben, die Sie nicht wirklich glücklich machen, überlegen Sie, wie Sie Ihre Ausgaben besser an Ihren Werten ausrichten können.

3. Lebensziele: Legen Sie finanzielle Ziele fest, die auf Ihren Werten basieren. Wenn Sie beispielsweise Wert auf Freiheit legen, besteht Ihr Ziel möglicherweise darin, Geld zu sparen, um in Zukunft mehr Freizeit zu haben.

Inspirierende Geschichten

Die Geschichte von Sam und Emma zeigt, wie Werte die Wahrnehmung von Reichtum beeinflussen können. Sam hat schon immer davon geträumt, ein großes Haus und ein schönes Auto zu besitzen. Er hat hart gearbeitet und gespart, um dieses Ziel zu erreichen. Emma hingegen schätzt die Freiheit zu reisen und neue Kulturen kennenzulernen. Sie hat gespart, um die Welt zu bereisen. Jeder hat auf der Grundlage seiner Werte und Träume seine eigene Version von Reichtum erreicht.

Abschluss

Reichtum ist eine Frage der Wahrnehmung und der persönlichen Werte. Wenn Sie verstehen, was Reichtum für Sie bedeutet, können Sie finanzielle Entscheidungen treffen, die Sie Ihrem eigenen Glück und Wohlbefinden näher bringen. Indem Sie Ihre Ausgaben und Investitionen an Ihren Werten ausrichten, können Sie wahren Wohlstand erreichen, der über Geld hinausgeht.

Sind Sie bereit zu entdecken, wie wichtig Großzügigkeit ist und wie Spenden Ihr Leben in vielerlei Hinsicht bereichern kann? Blättern Sie um und tauchen Sie ein in das nächste Kapitel!

Kapitel 9: Großzügigkeit und Geld

Großzügigkeit ist eine wertvolle Eigenschaft, die einen tiefgreifenden Einfluss auf Ihr Leben und das Leben anderer haben kann. Wenn Sie Geld, Ihre Zeit oder Ihre Fähigkeiten spenden, können Sie nicht nur Menschen in Not helfen, sondern Ihnen auch ein Gefühl der Zufriedenheit und des Glücks geben. In diesem Kapitel wird untersucht, wie wichtig Großzügigkeit ist und wie sie Ihr Leben erheblich bereichern kann.

Warum Geben wichtig ist

Spenden ist eine Möglichkeit, Ihren Wohlstand zu teilen und dazu beizutragen, die Welt zu einem besseren Ort zu machen. Ob Sie Geld für wohltätige Zwecke spenden, sich ehrenamtlich engagieren oder einfach einem Freund in Not helfen: Großzügigkeit schafft zwischenmenschliche Verbindungen und stärkt die Gemeinschaft.

Nehmen wir zum Beispiel Julia. Julia liebte Tiere und spendete einen Teil ihres Taschengeldes an ein Tierheim. Sie verbrachte ihre Wochenenden auch damit, mit den Hunden spazieren zu gehen und bei der Tierpflege zu helfen. Julia entdeckte, dass es ihr große Freude bereitete, ihre Zeit und ihr Geld zu spenden, und dass sie das Gefühl hatte, einen Beitrag zu einer Sache zu leisten, die ihr am Herzen lag.

Die Vorteile der Großzügigkeit

Großzügigkeit hat viele Vorteile, sowohl für den Geber als auch für den Empfänger:

1. Gefühl der Zufriedenheit: Geben vermittelt ein Gefühl der Zufriedenheit und des Glücks. Zu wissen, dass Sie jemandem geholfen haben, kann Ihre Stimmung und Ihr Wohlbefinden verbessern.

2. Beziehungen stärken: Großzügigkeit schafft stärkere Bindungen zu anderen. Ganz gleich, ob es darum geht, einem Freund zu helfen oder eine Sache zu unterstützen, es stärkt Beziehungen und die Gemeinschaft.

3. Persönliche Entwicklung: Wenn Sie Ihre Zeit oder Ihr Geld spenden, können Sie Fähigkeiten und Qualitäten wie Empathie, Mitgefühl und Führung entwickeln.

4. Positive Auswirkungen auf die Gesellschaft: Großzügigkeit trägt dazu bei, eine geeintere und gerechtere Gesellschaft zu schaffen. Indem Sie Bedürftigen helfen, beteiligen Sie sich an einer gemeinsamen Anstrengung, das Leben aller zu verbessern.

Inspirierende Geschichten

Die Geschichte von Max zeigt, wie Großzügigkeit eine positive Wirkung haben kann. Der 14-jährige Max beschloss, einen Teil seines Taschengeldes auszugeben, um Schulmaterial für bedürftige Kinder zu kaufen. Er organisierte mit seinen Freunden eine Spendenaktion und gemeinsam gelang es ihnen, eine örtliche Schule mit Materialien zu versorgen. Max verspürte nicht nur eine große Befriedigung, sondern inspirierte auch seine Freunde dazu, dasselbe zu tun.

Ein weiteres Beispiel ist Sophie, die ihre Wochenenden damit verbrachte, in einer Suppenküche zu helfen. Da sie die positiven Auswirkungen ihres Handelns auf die Menschen erkannte, beschloss sie, sich das ganze Jahr über weiterhin ehrenamtlich zu engagieren. Sophie entdeckte, dass es eine wirkungsvolle Möglichkeit war, mit anderen in Kontakt zu treten und etwas zu bewirken, indem man ihr Zeit gab.

Wie man intelligent gibt

Um die Wirkung Ihrer Großzügigkeit zu maximieren, ist es wichtig, mit Bedacht und effektiv zu spenden. Hier sind einige Tipps, die Ihnen helfen:

1. Wählen Sie Anliegen aus, die Ihnen am Herzen liegen: Spenden Sie an Organisationen oder Anliegen, die Ihren Werten und Leidenschaften entsprechen.

2. Legen Sie ein Spendenbudget fest: Entscheiden Sie, wie viel Geld Sie jeden Monat oder jedes Jahr für Spenden ausgeben möchten, und halten Sie sich an dieses Budget.

3. Engagieren Sie sich persönlich: Erwägen Sie nicht nur eine Geldspende, sondern auch die Spende Ihrer Zeit oder Ihrer Fähigkeiten. Freiwilligenarbeit kann genauso lohnend und wirkungsvoll sein.

4. Bewerten Sie die Wirkung Ihrer Spenden: Erfahren Sie mehr über die Organisationen, an die Sie spenden, um sicherzustellen, dass Ihr Geld effektiv eingesetzt wird.

Praktische Aktivitäten

Probieren Sie die folgenden Aktivitäten aus, um Großzügigkeit in Ihr Leben zu integrieren:

1. Erstellen Sie einen Großzügigkeitsplan: Schreiben Sie auf, wie viel Sie spenden möchten, für welche Zwecke und wie Sie Ihre Zeit zusätzlich spenden können.

2. Nehmen Sie an einer Spendenaktion teil: Organisieren Sie eine Spendenaktion für einen Zweck, der Ihnen am Herzen liegt, oder nehmen Sie daran teil.

3. Freiwilligenarbeit: Finden Sie eine Freiwilligenmöglichkeit in Ihrer Gemeinde. Dies kann in einem Tierheim, einer Suppenküche oder einer anderen örtlichen Organisation sein.

4. Regelmäßige Spende: Richten Sie eine regelmäßige Spende an eine Wohltätigkeitsorganisation ein. Schon eine kleine, regelmäßig verabreichte Menge kann einen großen Unterschied machen.

Abschluss

Großzügigkeit bereichert Ihr Leben in vielerlei Hinsicht. Indem Sie Ihr Geld, Ihre Zeit oder Ihre Fähigkeiten spenden, können Sie dazu beitragen, die Welt zu einem besseren Ort zu machen und gleichzeitig ein tiefes Gefühl der Zufriedenheit und des Glücks zu empfinden. Indem Sie Großzügigkeit in Ihr tägliches Leben integrieren, stärken Sie nicht nur Ihre eigene Gemeinschaft, sondern tragen auch zur Schaffung einer geeinteren und gerechteren Gesellschaft bei.

Sind Sie bereit zu lernen, wie Sie für die Zukunft planen und finanzielle Ziele setzen, die Ihnen helfen, Ihre Träume zu verwirklichen? Blättern Sie um und tauchen Sie ein in das nächste Kapitel!

Kapitel 10: Planung für die Zukunft

Um Ihre finanziellen Ziele zu erreichen und Ihre Träume zu verwirklichen, ist eine Planung für die Zukunft von entscheidender Bedeutung. Ganz gleich, ob Sie für das Studium sparen, ein Auto kaufen oder reisen möchten – ein Plan hilft Ihnen, auf dem richtigen Weg zu bleiben und kluge finanzielle Entscheidungen zu treffen. In diesem Kapitel erfahren Sie, wie Sie finanzielle Ziele festlegen und wichtige Meilensteine in Ihrem Leben planen.

Warum für die Zukunft planen?

Wenn Sie für die Zukunft planen, können Sie eine klare Vorstellung davon haben, was Sie erreichen möchten, und die Schritte festlegen, die erforderlich sind, um dorthin zu gelangen. Dies hilft Ihnen, sich auf Ihre Ziele zu konzentrieren, impulsive Ausgaben zu vermeiden und konsequent zu sparen. Darüber hinaus bereitet Sie eine gute Planung auf unerwartete Ereignisse vor und verschafft Ihnen mehr finanzielle Sicherheit.

Setzen Sie sich finanzielle Ziele

Das Setzen finanzieller Ziele ist der erste Schritt bei der Planung. So geht's:

1. Identifizieren Sie Ihre Ziele: Überlegen Sie, was Sie finanziell erreichen möchten. Dies kann kurzfristige Ziele (ein neues Gerät kaufen, in den Urlaub fahren) und langfristige Ziele (für Ihre Ausbildung bezahlen, ein Haus kaufen) umfassen.

2. Machen Sie Ihre Ziele konkret und messbar: Anstatt zu sagen „Ich möchte Geld sparen", sagen Sie „Ich möchte 500 $ für eine Reise im nächsten Jahr sparen." Klare, konkrete Ziele lassen sich leichter verfolgen.

3. Legen Sie eine Frist fest: Legen Sie für jedes Ziel eine Frist fest. Dies gibt Ihnen zusätzliche Motivation, zu sparen und Ihrem Plan zu folgen.

4. Teilen Sie Ihre Ziele in Schritte auf: Teilen Sie jedes Ziel in kleine, erreichbare Schritte auf. Wenn Sie beispielsweise 500 Euro im Jahr sparen möchten, müssen Sie jeden Monat rund 42 Euro beiseite legen.

Nehmen wir zum Beispiel Lucas. Lucas wollte sich für sein Studium einen Laptop kaufen. Als Ziel setzte er 1.200 Euro in zwei Jahren. Er hat ausgerechnet, dass er dafür 50 Euro pro Monat sparen müsste. Durch die Befolgung dieses Plans konnte Lucas seinen Computer ohne finanzielle Belastungen kaufen.

Erstellen Sie einen Sparplan

Sobald Sie Ihre Ziele festgelegt haben, ist es an der Zeit, einen Sparplan zu erstellen:

1. Bewerten Sie Ihre Einnahmen und Ausgaben: Notieren Sie, wie viel Geld Sie jeden Monat erhalten (Taschengeld, Gelegenheitsjobs usw.) und wie viel Sie ausgeben. Identifizieren Sie Bereiche, in denen Sie Ihre Ausgaben reduzieren können, um mehr zu sparen.

2. Legen Sie einen Betrag fest, den Sie regelmäßig sparen möchten: Entscheiden Sie, wie viel Sie jede Woche oder jeden Monat sparen können. Selbst eine kleine, regelmäßige Menge kann sich schnell summieren.

3. Eröffnen Sie ein Sparkonto: Wenn Sie noch keins haben, eröffnen Sie ein Sparkonto. So können Sie Ihr Geld sicher aufbewahren und zusehen, wie es durch Zinsen wächst.

4. Automatisieren Sie Ihr Sparen: Richten Sie nach Möglichkeit automatische Überweisungen auf Ihr Sparkonto ein. So können Sie sparen, ohne darüber nachzudenken.

Verwalten Sie das Unerwartete

Das Leben steckt voller Überraschungen und es ist wichtig, auf das Unerwartete vorbereitet zu sein. Ein Notfallfonds kann Ihnen helfen, mit unerwarteten Situationen umzugehen, ohne Ihre finanziellen Ziele zu gefährden. Dieser Fonds sollte unerwartete Ausgaben wie Reparaturen, Arztrechnungen oder andere Notfälle abdecken.

Sophies Beispiel zeigt, wie wichtig ein Notfallfonds ist. Sophie hatte für eine Reise gespart, doch ihr Auto hatte unerwartet eine Panne. Glücklicherweise hatte sie einen Notfallfonds eingerichtet, der es ihr ermöglichte, die Reparatur zu bezahlen, ohne ihre Reiseersparnisse anzutasten. Sophie versteht, dass die Planung für das Unerwartete für die Einhaltung Ihrer Finanzpläne von entscheidender Bedeutung ist.

Praktische Aktivitäten

Probieren Sie die folgenden Aktivitäten aus, um Ihnen bei der Planung für die Zukunft zu helfen:

1. Legen Sie Ihre finanziellen Ziele fest: Nehmen Sie sich einen Moment Zeit, um über Ihre finanziellen Ziele nachzudenken und schreiben Sie sie auf. Machen Sie sie spezifisch, messbar und zeitgebunden.

2. Erstellen Sie einen Sparplan: Bewerten Sie Ihre Einnahmen und Ausgaben und erstellen Sie einen Plan zum regelmäßigen Sparen. Legen Sie einen Betrag fest, den Sie jeden Monat sparen können, und verpflichten Sie sich, diesen einzuhalten.

3. Simulieren Sie unvorhergesehene Ereignisse: Denken Sie an mögliche unvorhergesehene Ereignisse (Fahrradpanne, medizinische Kosten) und überlegen Sie, wie viel Geld Sie für die Bewältigung dieser Ereignisse beiseite legen sollten. Legen Sie einen Notfallfonds an.

4. Verwenden Sie Tools zur Finanzverfolgung: Verwenden Sie Apps oder Tabellenkalkulationen, um Ihren Fortschritt bei der Erreichung Ihrer finanziellen Ziele zu verfolgen. Dies wird Ihnen helfen, motiviert zu bleiben und Ihren Plan bei Bedarf anzupassen.

Abschluss

Wenn Sie für die Zukunft planen und sich klare finanzielle Ziele setzen, haben Sie die Kontrolle über Ihre Finanzen und kommen Ihren Träumen näher. Indem Sie einem Sparplan folgen und auf das Unerwartete vorbereitet sind, können Sie Ihre Ziele ohne finanziellen Stress erreichen. Finanzplanung ist eine wertvolle Fähigkeit, die Ihnen ein Leben lang von Nutzen sein wird.

Sind Sie bereit herauszufinden, wie äußere Einflüsse wie Freunde und Familie Ihre finanziellen Entscheidungen beeinflussen können? Blättern Sie um und tauchen Sie ein in das nächste Kapitel!

Kapitel 11: Äußere Einflüsse auf unsere Finanzentscheidungen

Unsere finanziellen Entscheidungen werden nicht im luftleeren Raum getroffen. Sie werden oft von unseren Mitmenschen, unseren Freunden, unserer Familie und sogar den Medien beeinflusst. Wenn Sie diese äußeren Einflüsse verstehen, können Sie fundiertere Finanzentscheidungen treffen und Ihren eigenen Zielen und Werten treu bleiben.

Wie Freunde unsere Ausgaben beeinflussen

Freunde können einen großen Einfluss auf unser Ausgabeverhalten haben. Manchmal verspüren wir möglicherweise den Druck, auf ähnliche Weise wie unsere Freunde Geld auszugeben, um uns anzupassen oder uns nicht ausgeschlossen zu fühlen.

Nehmen Sie das Beispiel von Thomas. Thomas ging am Wochenende gern mit seinen Freunden aus, musste jedoch feststellen, dass er viel Geld für Restaurants und Ausgehen ausgab. Um Geld zu sparen, schlug er seinen Freunden vor, günstigere Aktivitäten wie Spieleabende zu Hause oder Picknicks im Park zu unternehmen. Thomas entdeckte, dass er mit seinen Freunden Spaß haben konnte, ohne so viel Geld auszugeben.

Der Einfluss der Familie

Auch die Familie kann unsere finanziellen Entscheidungen beeinflussen. Insbesondere Eltern spielen bei der finanziellen

Bildung von Kindern eine entscheidende Rolle. Die finanziellen Einstellungen und Verhaltensweisen, die wir bei unseren Eltern beobachten, können unsere eigene Einstellung zum Geld beeinflussen.

Marias Beispiel ist aufschlussreich. Maries Eltern gingen sehr vorsichtig mit ihrem Geld um und brachten ihr schon in jungen Jahren bei, wie wichtig das Sparen ist. Durch diese Lektionen lernte Marie, verantwortungsvoll mit ihrem Geld umzugehen und regelmäßig zu sparen. Sie verstand, dass gute Finanzgewohnheiten zu Hause beginnen.

Der Einfluss der Medien und Werbung

Medien und Werbung sind allgegenwärtig und können unsere finanziellen Entscheidungen auf subtile, aber wirkungsvolle Weise beeinflussen. Werbung regt uns zum Kauf von Produkten an, indem sie uns glauben macht, dass sie uns glücklicher, beliebter oder zufriedener machen.

Juliens Beispiel zeigt, wie die Medien die Ausgaben beeinflussen können. Julien sah ständig Werbung für modische Kleidung und technische Geräte. Ihm wurde klar, dass er viel Geld ausgab, um Trends zu folgen, aber das machte ihn nicht glücklicher. Indem Julien seinen Kontakt mit Werbung einschränkte und sich auf seine eigenen Bedürfnisse und Wünsche konzentrierte, konnte er sein Geld besser verwalten.

Wie Sie Ihren eigenen Zielen treu bleiben

Um fundierte Finanzentscheidungen zu treffen und Ihren eigenen Zielen treu zu bleiben, finden Sie hier einige Tipps:

1. Seien Sie sich der Einflüsse bewusst: Werden Sie sich der äußeren Einflüsse auf Ihre finanziellen Entscheidungen bewusst. Dadurch können Sie sie besser verwalten und fundiertere Entscheidungen treffen.

2. Grenzen setzen: Setzen Sie Grenzen für Ihre Sozialausgaben. Legen Sie beispielsweise ein monatliches Budget für das Ausgehen mit Freunden fest und halten Sie sich daran.

3. Sprechen Sie mit Ihrer Familie: Sprechen Sie offen mit Ihrer Familie über Ihre finanziellen Ziele und bitten Sie sie um Unterstützung bei der Verwirklichung dieser Ziele. Beziehen Sie sie in Ihre Spar- und Ausgabenpläne ein.

4. Reduzieren Sie den Kontakt mit Werbung: Begrenzen Sie Ihren Kontakt mit Medien und Werbung. Nutzen Sie Online-Werbeblocker und meiden Sie Zeitschriften und Sendungen, die zum übermäßigen Konsum anregen.

5. Treffen Sie Entscheidungen auf der Grundlage Ihrer Werte: Denken Sie bei Entscheidungen an Ihre Werte und finanziellen Ziele. Fragen Sie sich, ob ein Kauf Ihren Werten entspricht und Ihnen hilft, Ihre Ziele zu erreichen.

Inspirierende Geschichten

Léas Geschichte zeigt, wie man trotz äußerer Einflüsse seinen Zielen treu bleibt. Léa wollte Geld für eine Reise nach Europa sparen, aber ihre Freunde gaben viel Geld für Ausflüge aus. Sie beschloss, einen Ausgleich zu finden, indem sie einige Ausflüge unternahm und dabei ihren Freunden ihre finanziellen Ziele erklärte. Ihre Freunde respektierten ihre Entscheidung und Léa schaffte es, genug für ihre Reise zu sparen.

Praktische Aktivitäten

Um Ihnen dabei zu helfen, äußere Einflüsse auf Ihre Finanzentscheidungen zu bewältigen, probieren Sie die folgenden Aktivitäten aus:

1. Einflusstagebuch: Schreiben Sie Situationen auf, in denen Sie sich von Ihren Freunden, Ihrer Familie oder den Medien beeinflusst fühlen, Geld auszugeben. Überlegen Sie, wie Sie diese Einflüsse besser bewältigen können.

2. Sozialausgabenplan: Erstellen Sie einen Ausgabenplan für Ihre sozialen Aktivitäten. Legen Sie ein Budget fest und suchen Sie nach günstigeren Alternativen, um Spaß mit Ihren Freunden zu haben.

3. Familiengespräch: Sprechen Sie mit Ihrer Familie über Ihre finanziellen Ziele und bitten Sie sie um Rat und Unterstützung bei der Erreichung dieser Ziele. Beziehen Sie sie in Ihre finanziellen Entscheidungen ein.

Abschluss

Äußere Einflüsse können einen erheblichen Einfluss auf unsere finanziellen Entscheidungen haben. Wenn Sie sich dieser Einflüsse jedoch bewusst sind und Maßnahmen zu deren Bewältigung ergreifen, können Sie Ihren eigenen Zielen und Werten treu bleiben. Indem Sie lernen, mit diesen Einflüssen umzugehen, sind Sie besser gerüstet, fundierte Finanzentscheidungen zu treffen und Ihre finanziellen Ziele zu erreichen.

Sind Sie bereit zu verstehen, wie wichtig finanzielle Sicherheit ist und wie Sie Ihr Geld vor unerwarteten Ereignissen schützen können? Blättern Sie um und tauchen Sie ein in das nächste Kapitel!

Kapitel 12: Finanzielle Sicherheit

Finanzielle Sicherheit ist für ein stressfreies und selbstbewusstes Leben unerlässlich. Mit einer soliden finanziellen Grundlage können Sie unvorhergesehenen Ereignissen begegnen, Ihr Vermögen schützen und Ihre Zukunft sichern. In diesem Kapitel erfahren Sie, wie Sie finanzielle Sicherheit schaffen, indem Sie Maßnahmen ergreifen, um Ihr Geld zu schützen und für die Zukunft zu planen.

Was ist finanzielle Sicherheit?

Finanzielle Sicherheit bedeutet, dass Sie über genügend Geld verfügen, um Ihre Grundbedürfnisse zu decken, unerwartete Ereignisse zu bewältigen und Ihre finanziellen Ziele zu erreichen. Dazu gehören ein Notfallfonds, entsprechende Versicherungen sowie eine langfristige Spar- und Anlagestrategie.

Bauen Sie einen Notfallfonds auf

Ein Notfallfonds ist eines der wichtigsten Elemente der finanziellen Sicherheit. Es ermöglicht Ihnen, unerwartete Ausgaben zu bewältigen, ohne in finanzielle Schwierigkeiten zu geraten. So bauen Sie einen Notfallfonds auf:

1. Setzen Sie sich ein Ziel: Sparen Sie genug, um die Lebenshaltungskosten für drei bis sechs Monate zu decken. Es mag viel erscheinen, aber Sie können es nach und nach erreichen.

2. Sparen Sie regelmäßig: Legen Sie jeden Monat einen festen Betrag beiseite. Selbst eine kleine Menge, die regelmäßig

hinzugefügt wird, kann im Laufe der Zeit einen großen Unterschied machen.

3. Verwenden Sie ein separates Konto: Bewahren Sie Ihr Notfallguthaben auf einem von Ihrem Girokonto getrennten Konto auf, um eine versehentliche Ausgabe zu vermeiden.

Lisas Beispiel ist inspirierend. Lisa, 16, begann, einen Teil ihres Taschengeldes und ihres Einkommens aus Gelegenheitsjobs zu sparen. In zwei Jahren hatte sie genug gespart, um den Lebensunterhalt von drei Monaten zu decken. Wenn sie teure Reparaturen an ihrem Fahrrad brauchte, konnte sie diese dank ihres Notfallfonds stressfrei bezahlen.

Versicherung zum Schutz Ihres Eigentums

Versicherungen sind ein weiteres Schlüsselelement der finanziellen Sicherheit. Es schützt Sie vor finanziellen Verlusten durch unvorhergesehene Ereignisse wie Unfälle, Krankheiten oder Naturkatastrophen. Hier sind einige Arten von Versicherungen, die Sie in Betracht ziehen sollten:

1. Krankenversicherung: Deckt medizinische Kosten im Falle einer Krankheit oder Verletzung.

2. Hausratversicherung: Schützt Ihr Haus und Ihr Hab und Gut vor Beschädigung und Diebstahl.

3. Kfz-Versicherung: Deckt Schäden an Ihrem Fahrzeug und medizinische Kosten im Falle eines Unfalls.

4. Haftpflichtversicherung: Deckt Schäden ab, die Sie anderen zufügen könnten.

Nehmen wir das Beispiel Maxime. Maximes Eltern schlossen eine Hausratversicherung ab, die die Reparaturkosten abdeckte, wenn ihr

Haus durch einen Sturm beschädigt wurde. Dank dieser Versicherung mussten sie nicht auf ihre Ersparnisse zurückgreifen, um den Schaden zu beheben.

Schützen Sie Ihre Finanzinformationen

Zur finanziellen Sicherheit gehört auch der Schutz Ihrer persönlichen und finanziellen Daten vor Diebstahl und Betrug. Hier sind einige Tipps zum Schutz Ihrer Daten:

1. Verwenden Sie sichere Passwörter: Erstellen Sie komplexe und einzigartige Passwörter für Ihre Online-Konten. Wechseln Sie sie regelmäßig.

2. Überwachen Sie Ihre Konten: Überprüfen Sie regelmäßig Ihre Bank- und Kreditkartenabrechnungen auf verdächtige Aktivitäten.

3. Vermeiden Sie die Weitergabe Ihrer persönlichen Daten: Geben Sie Ihre finanziellen oder persönlichen Daten niemals telefonisch oder per E-Mail weiter, es sei denn, Sie sind sich der Person oder Organisation sicher.

Sophies Geschichte zeigt, wie wichtig der Schutz von Finanzinformationen ist. Nachdem ihre Freundin Opfer eines Identitätsdiebstahls wurde, lernte Sophie, sichere Passwörter zu verwenden und ihre Konten regelmäßig zu überwachen. Sie verstand, dass Vorsichtsmaßnahmen viele Probleme verhindern können.

Planen Sie für die Zukunft

Zur finanziellen Sicherheit gehört auch die Planung für die Zukunft. Dazu gehört das Sparen für langfristige Ziele wie Bildung, Hauskauf oder Ruhestand. So fangen Sie an:

1. Setzen Sie sich langfristige Ziele: Identifizieren Sie, was Sie in Zukunft finanziell erreichen möchten, und setzen Sie sich konkrete Ziele.

2. Erstellen Sie einen Spar- und Anlageplan: Entwickeln Sie eine Strategie, um regelmäßig zu sparen und zu investieren, um Ihre Ziele zu erreichen.

3. Diversifizieren Sie Ihre Investitionen: Legen Sie nicht alle Eier in einen Korb. Investieren Sie in verschiedene Arten von Vermögenswerten, um das Risiko zu reduzieren.

Claras Beispiel ist relevant. Clara begann, für ihre Schulausbildung zu sparen. Sie eröffnete ein Sparkonto und legte jeden Monat einen Teil ihres Einkommens zur Seite. Durch Planung und Disziplin konnte sie einen Großteil ihrer Studienkosten bezahlen, ohne Schulden zu machen.

Praktische Aktivitäten

Um Ihre finanzielle Sicherheit zu stärken, probieren Sie diese Aktivitäten aus:

1. Erstellen Sie einen Notfallfonds: Legen Sie ein Sparziel für Ihren Notfallfonds fest und legen Sie jeden Monat einen bestimmten Betrag beiseite.

2. Überprüfen Sie Ihre Versicherung: Prüfen Sie, ob Sie über die notwendige Versicherung zum Schutz Ihres Eigentums und Ihrer Gesundheit verfügen. Sprechen Sie mit Ihren Eltern oder einem Berater, um sicherzustellen, dass Sie abgesichert sind.

3. Sichern Sie Ihre Finanzdaten: Aktualisieren Sie Ihre Passwörter, überwachen Sie Ihre Konten und geben Sie Ihre persönlichen Daten nicht online weiter.

4. Entwickeln Sie einen langfristigen Plan: Legen Sie langfristige finanzielle Ziele fest und erstellen Sie einen Spar- und Investitionsplan, um diese zu erreichen.

Abschluss

Durch finanzielle Sicherheit können Sie stressfrei und selbstbewusst leben und wissen, dass Sie auf die Zukunft und das Unerwartete vorbereitet sind. Durch die Einrichtung eines Notfallfonds, den Abschluss der erforderlichen Versicherungen und den Schutz Ihrer Finanzdaten können Sie beruhigt sein und Ihre langfristigen finanziellen Ziele erreichen.

Sind Sie bereit zu lernen, wie Sie mit finanziellen Risiken umgehen und fundierte Entscheidungen treffen können? Blättern Sie um und tauchen Sie ein in das nächste Kapitel!

Kapitel 13: Risikomanagement

Risikomanagement ist eine wesentliche Fähigkeit, um Ihre finanzielle Sicherheit zu gewährleisten und Ihre Ziele zu erreichen. Risiken sind ein wesentlicher Bestandteil des Lebens und der Finanzen, aber wenn Sie lernen, mit ihnen umzugehen, können Sie ihre negativen Auswirkungen minimieren und positive Chancen maximieren. In diesem Kapitel wird untersucht, was ein Risiko ist, wie man es bewertet und welche Strategien es gibt, um effektiv damit umzugehen.

Was ist ein finanzielles Risiko?

Finanzielles Risiko ist die Möglichkeit, aufgrund verschiedener Faktoren wie Marktschwankungen, Investitionsentscheidungen oder persönlicher unvorhergesehener Ereignisse Geld zu verlieren oder finanzielle Ziele nicht zu erreichen. Es ist wichtig zu verstehen, dass alle Investitionen und Finanzentscheidungen mit einem gewissen Risiko verbunden sind.

Die Risiken einschätzen

Zur Risikobeurteilung gehört das Verständnis der verschiedenen Risikoquellen und ihrer Wahrscheinlichkeit. Hier sind einige häufige Arten finanzieller Risiken:

1. Marktrisiko: Die Möglichkeit, dass der Wert Ihrer Anlagen aufgrund von Marktschwankungen sinkt.

2. Kreditrisiko: Die Möglichkeit, dass jemand, dem Sie Geld

geliehen haben, es Ihnen nicht zurückzahlen kann.

3. Liquiditätsrisiko: Die Schwierigkeit, eine Investition in Bargeld umzuwandeln, ohne einen Wertverlust zu erleiden.

4. Persönliches Risiko: Persönliche unvorhergesehene Ereignisse wie Arbeitsplatzverlust, medizinische Notfälle oder Naturkatastrophen.

Juliens Geschichte veranschaulicht die Risikobewertung gut. Julien, 17, hat in Aktien mehrerer Technologieunternehmen investiert. Er wusste, dass der Wert dieser Aktien schwanken konnte, aber er diversifizierte seine Anlagen, um das Gesamtrisiko zu verringern. Julien lernte, Risiken einzuschätzen und fundierte Entscheidungen zu treffen.

Risikomanagementstrategien

Um Risiken effektiv zu managen, können Sie folgende Strategien anwenden:

1. Diversifizierung: Legen Sie nicht alle Eier in einen Korb. Durch die Diversifizierung Ihrer Anlagen reduzieren Sie das Gesamtrisiko. Beispielsweise wird in verschiedene Branchen, Anlagearten und Regionen investiert.

2. Versicherung: Schließen Sie eine entsprechende Versicherung ab, um Ihr Eigentum, Ihre Gesundheit und Ihre Familie vor unvorhergesehenen Ereignissen zu schützen.

3. Ersparnisse für den Notfall: Verfügen Sie über einen Notfallfonds, um unerwartete Ereignisse zu bewältigen, ohne Ihre langfristigen

Finanzen zu beeinträchtigen.

4. Schrittweise Investition: Investieren Sie schrittweise, anstatt alles auf einmal zu investieren, um das Risiko von Marktschwankungen zu verringern.

Nehmen Sie das Beispiel von Clara. Clara, 18, beschloss, einen Teil ihrer Ersparnisse in einen Investmentfonds zu investieren. Anstatt ihren gesamten Betrag auf einmal zu investieren, entschied sie sich dafür, jeden Monat einen kleinen Betrag zu investieren. Diese als progressive Investition bezeichnete Strategie ermöglichte es ihm, das Risiko von Marktschwankungen zu verringern und seine Einkaufskosten zu glätten.

Treffen Sie fundierte Entscheidungen

Um fundierte Finanzentscheidungen zu treffen, muss man die mit jeder Entscheidung verbundenen Risiken verstehen. Hier sind einige Tipps, die Ihnen helfen:

1. Recherchieren Sie: Bevor Sie eine finanzielle Entscheidung treffen, recherchieren Sie gründlich. Lesen Sie Bücher, Artikel und konsultieren Sie bei Bedarf Experten.

2. Bewerten Sie die Konsequenzen: Denken Sie über die möglichen Konsequenzen jeder Entscheidung nach. Was sind die potenziellen Gewinne und möglichen Verluste?

3. Nehmen Sie sich Zeit: Treffen Sie finanzielle Entscheidungen nicht überstürzt. Nehmen Sie sich Zeit zum Nachdenken und wägen Sie die Vor- und Nachteile ab.

4. Konsultieren Sie Experten: Sprechen Sie mit Finanzberatern oder Mentoren, um Ratschläge und verschiedene Perspektiven zu erhalten.

Lucas' Geschichte zeigt, wie wichtig es ist, fundierte Entscheidungen zu treffen. Lucas wollte in ein Technologie-Startup investieren, doch nach seinen Recherchen stellte er fest, dass die Finanzgeschichte des Unternehmens instabil war. Lucas entschied sich, nicht zu investieren und entschied sich für eine sicherere Option. Durch seine Umsicht und seinen Fleiß konnte Lucas einen erheblichen finanziellen Verlust vermeiden.

Praktische Aktivitäten

Probieren Sie die folgenden Aktivitäten aus, um finanzielle Risiken besser zu verwalten:

1. Risikoanalyse: Wählen Sie eine Anlage- oder Finanzentscheidung und führen Sie eine Risikoanalyse durch. Identifiziert potenzielle Risiken und bewertet deren Wahrscheinlichkeit und Auswirkungen.

2. Simulation eines diversifizierten Portfolios: Erstellen Sie ein fiktives Anlageportfolio, indem Sie Ihre Anlagen diversifizieren. Verfolgen Sie seine Leistung und beobachten Sie, wie Diversifizierung das Gesamtrisiko verringert.

3. Risikomanagementplan: Entwickeln Sie einen Risikomanagementplan für Ihre persönlichen Finanzen. Beinhaltet Strategien wie Diversifikation, Versicherung und Notfallsparen.

Abschluss

Risikomanagement ist eine wesentliche Fähigkeit zum Schutz Ihrer Finanzen und zum Erreichen Ihrer Ziele. Indem Sie Risiken bewerten, effektive Managementstrategien anwenden und fundierte Entscheidungen treffen, können Sie negative Auswirkungen minimieren und positive Chancen maximieren. Umsicht und Gewissenhaftigkeit im Umgang mit Risiken ermöglichen es Ihnen, sich mit Zuversicht in der Finanzwelt zurechtzufinden.

Sind Sie bereit, den Zusammenhang zwischen Zeit und Geld zu erforschen und zu verstehen, wie Sie Ihre Zeit optimal nutzen können, um Ihre finanziellen Ziele zu erreichen? Blättern Sie um und tauchen Sie ein in das nächste Kapitel!

Kapitel 14: Die Beziehung zwischen Zeit und Geld

Zeit und Geld sind zwei der wertvollsten Ressourcen, die wir haben. Wenn Sie verstehen, wie Zeit unsere finanziellen Entscheidungen beeinflusst und wie Sie die Zeit optimal nutzen können, kann dies einen erheblichen Einfluss auf Ihren finanziellen Erfolg haben. In diesem Kapitel wird die Beziehung zwischen Zeit und Geld untersucht und wie Sie diese Beziehung nutzen können , um Ihre finanziellen Ziele zu erreichen.

Zeit als Verbündeter des Geldes

Die Zeit kann einer Ihrer besten Verbündeten sein, wenn es um Finanzen geht. Frühzeitig investiertes Geld hat dank des Zinseszinses mehr Zeit zum Wachsen, während mit Umsicht und Geduld getroffene Finanzentscheidungen zu stärkeren, länger anhaltenden Ergebnissen führen können.

Nehmen wir zum Beispiel Emma. Im Alter von 15 Jahren begann Emma, monatlich 20 Euro auf einem Sparkonto mit einem jährlichen Zinssatz von 5 % zu sparen. Dank des Zinseszinses wuchsen ihre Ersparnisse viel schneller, als wenn sie das Geld einfach unter der Matratze behalten hätte. Dank dieser einfachen, aber effektiven Strategie hat sie in 10 Jahren eine beträchtliche Summe angesammelt.

Der Wert der Zeit bei Investitionen

Eines der Schlüsselkonzepte im Zusammenhang zwischen Zeit und Geld ist der Zeitwert des Geldes. Das bedeutet, dass das Geld, das Sie jetzt haben, aufgrund seines Wachstumspotenzials in Zukunft mehr wert ist als derselbe Betrag. Wenn Sie frühzeitig investieren, profitiert Ihr Geld über einen längeren Zeitraum vom Zinseszins.

Das Beispiel von Max zeigt, wie wichtig es ist, frühzeitig zu investieren. Max begann im Alter von 20 Jahren, 500 Euro pro Jahr in einen Investmentfonds zu investieren. Sein Freund Paul begann im Alter von 30 Jahren, den gleichen Betrag pro Jahr zu investieren. Im Alter von 40 Jahren war Max' Investition viel mehr wert als die von Paul, obwohl sie jedes Jahr den gleichen Betrag investierten. Die Zeit hatte es Max' Geld ermöglicht, exponentiell zu wachsen.

Die Auswirkungen übereilter Entscheidungen

Finanzielle Entscheidungen zu treffen, ohne sich die Zeit zum Nachdenken zu nehmen, kann zu kostspieligen Fehlern führen. Übereilte Entscheidungen wie Impulskäufe oder riskante Investitionen ohne Recherche können Ihren Finanzen schaden.

Leas Geschichte veranschaulicht diesen Punkt. Léa wollte in ein neues Unternehmen investieren, von dem sie von einer Freundin gehört hatte. Ohne eingehende Recherche investierte sie einen Großteil ihrer Ersparnisse. Leider ging die Firma pleite und Léa verlor ihr Geld. Sie lernte, wie wichtig es ist, sich die Zeit zu nehmen, Chancen zu analysieren, bevor man finanzielle Entscheidungen trifft.

Maximieren Sie die Nutzung Ihrer Zeit

Um Ihre Zeit in Finanzangelegenheiten optimal zu nutzen, finden Sie hier einige Strategien:

1. Investieren Sie früh und regelmäßig: Beginnen Sie so früh wie möglich mit dem Sparen und Investieren. Selbst kleine Mengen können im Laufe der Zeit erheblich wachsen.

2. Setzen Sie sich langfristige Ziele: Legen Sie langfristige finanzielle Ziele fest und erstellen Sie einen Plan, um diese zu erreichen. Die Zeit ist auf Ihrer Seite, um ehrgeizige Ziele zu erreichen.

3. Vermeiden Sie impulsive Entscheidungen: Nehmen Sie sich Zeit zum Nachdenken, bevor Sie größere Anschaffungen oder Investitionen tätigen. Recherchieren Sie und konsultieren Sie gegebenenfalls Experten.

4. Finanzielle Bildung priorisieren: Investieren Sie Zeit, um sich über persönliche Finanzen zu informieren. Je mehr Sie wissen, desto besser können Sie Ihr Geld verwalten und fundierte Entscheidungen treffen.

Inspirierende Geschichten

Claras Beispiel ist inspirierend. Clara, 16, begann, für ihre College-Ausbildung zu sparen. Sie eröffnete ein hochverzinsliches Sparkonto und legte jeden Monat einen Teil ihres Einkommens aus Gelegenheitsjobs zur Seite. Dank ihrer Disziplin und der Magie des Zinseszinses hat Clara eine schöne Summe angesammelt, um ihr Studium ohne finanziellen Stress zu finanzieren.

Praktische Aktivitäten

Probieren Sie die folgenden Aktivitäten aus, um den Zusammenhang zwischen Zeit und Geld besser zu verstehen und zu maximieren:

1. Zinseszinsrechner: Verwenden Sie einen Online-Rechner, um zu sehen, wie Ihre Ersparnisse mit der Zeit durch Zinseszinsen wachsen können. Experimentieren Sie mit unterschiedlichen Beträgen und Dauern, um zu sehen, wie sich die Zeit auf Ihre Ersparnisse auswirkt.

2. Fiktiver Ruhestandsplan: Erstellt einen fiktiven Ruhestandsplan durch Festlegung langfristiger finanzieller Ziele. Berechnen Sie, wie viel Sie jeden Monat sparen müssen, um diese Ziele im Rentenalter zu erreichen.

3. Finanzielles Entscheidungsjournal: Führen Sie ein Tagebuch, in dem Sie Ihre wichtigen Finanzentscheidungen, Ihre Recherchen und die Ergebnisse aufschreiben. Dies wird Ihnen helfen, fundiertere Entscheidungen zu treffen und aus Ihren Erfahrungen zu lernen.

Abschluss

Wenn es um Finanzen geht, ist Zeit ein starker Verbündeter. Indem Sie den Zusammenhang zwischen Zeit und Geld verstehen und durchdachte, geduldige Finanzentscheidungen treffen, können Sie das Wachstum Ihrer Ersparnisse maximieren und Ihre finanziellen Ziele erreichen. Frühzeitiges Investieren, das Vermeiden übereilter Entscheidungen und die Priorisierung von Finanzbildung sind Schlüsselstrategien, um diese Beziehung zu nutzen.

Sind Sie bereit zu entdecken, wie wichtig kontinuierliche Finanzbildung ist und wie sie Ihnen dabei helfen kann, Ihr Leben lang informiert zu bleiben und fundierte Entscheidungen zu treffen? Blättern Sie um und tauchen Sie ein in das nächste Kapitel!

Kapitel 15: Finanzielle Weiterbildung

Finanzielle Bildung ist eine lebenslange Reise. Indem Sie informiert bleiben und sich weiterhin über persönliche Finanzen informieren, können Sie fundiertere Finanzentscheidungen treffen und sich besser auf Ihre Zukunft vorbereiten. In diesem Kapitel wird untersucht, wie wichtig eine kontinuierliche Finanzbildung ist und wie Sie Finanzwissen in Ihr tägliches Leben integrieren können.

Warum ist Finanzbildung wichtig?

Finanzielle Bildung vermittelt Ihnen die Werkzeuge und das Wissen, um Ihr Geld effektiv zu verwalten. Es hilft Ihnen, komplexe Finanzkonzepte zu verstehen, häufige Fehler zu vermeiden und Investitionschancen zu nutzen. Indem Sie informiert bleiben, können Sie sich in der sich ständig verändernden Finanzwelt besser zurechtfinden.

Das Beispiel von Max ist aufschlussreich. Der 17-jährige Max interessierte sich für persönliche Finanzen, nachdem er ein Buch über Investitionen gelesen hatte. Er nahm an Online-Kursen teil, besuchte Seminare und las Artikel über Finanzmärkte. Durch seine kontinuierliche Ausbildung war Max in der Lage, fundierte Investitionsentscheidungen zu treffen und kostspielige Fehler zu vermeiden.

Wie bleibe ich informiert?

Es gibt viele Ressourcen, die Ihnen helfen, über Ihre persönlichen Finanzen informiert zu bleiben. Hier sind ein paar Vorschläge:

1. Bücher und Artikel lesen: Es gibt viele Bücher und Artikel zum Thema persönliche Finanzen. Wählen Sie seriöse Autoren und zuverlässige Informationsquellen.

2. Nehmen Sie an Online-Kursen teil: Viele Plattformen bieten Online-Kurse zu Finanzthemen an, die von Spargrundlagen bis hin zu fortgeschrittenen Anlagestrategien reichen.

3. Besuchen Sie Seminare und Workshops: Besuchen Sie Seminare, Workshops oder Konferenzen zum Thema persönliche Finanzen. So können Sie von Experten lernen und live Fragen stellen.

Podcasts anhören : Persönliche Finanz- Podcasts können eine großartige Informationsquelle sein. Sie können sie während des Pendelns oder beim Training anhören, um Ihre Zeit optimal zu nutzen.

5. Verfolgen Sie Finanznachrichten: Bleiben Sie über die neuesten Finanznachrichten und -trends informiert, indem Sie Finanzzeitungen lesen und spezialisierte Websites verfolgen.

Claras Beispiel zeigt, wie man diese Ressourcen nutzt. Clara, 19, nahm an einem Online-Kurs über Aktieninvestitionen teil und begann, jede Woche Finanzartikel zu lesen. Sie besuchte auch lokale Workshops zum Thema Geldmanagement. Durch diese Bemühungen verbesserte Clara ihre finanziellen Fähigkeiten und traf bessere Entscheidungen für ihre Zukunft.

Integrieren Sie Finanzbildung in Ihren Alltag

Um den größtmöglichen Nutzen aus der finanziellen Weiterbildung zu ziehen, ist es wichtig, sie in Ihren Alltag zu integrieren. Hier sind einige Strategien, um dies zu erreichen:

1. Lernziele festlegen: Setzen Sie sich jeden Monat oder jedes Jahr klare Ziele für das, was Sie lernen möchten. Dies kann spezifische Themen wie Investitionen, Altersvorsorge oder Schuldenmanagement umfassen.

2. Nehmen Sie sich Zeit zum Lernen: Nehmen Sie sich jede Woche Zeit, um zu lesen, Kurse zu besuchen oder Podcasts zum Thema persönliche Finanzen anzuhören. Betrachten Sie es als eine Investition in Ihre Zukunft.

3. Wenden Sie das Gelernte an: Setzen Sie das erworbene Wissen in die Praxis um. Wenn Sie beispielsweise eine neue Sparstrategie erlernen, versuchen Sie, diese sofort auf Ihre finanzielle Situation anzuwenden.

4. Teilen Sie Ihr Wissen: Sprechen Sie mit Ihrer Familie und Ihren Freunden über das, was Sie gelernt haben. Andere zu unterrichten kann Ihr eigenes Wissen stärken und ein besseres Finanzmanagement um Sie herum fördern.

Pauls Geschichte ist ein gutes Beispiel für die Integration finanzieller Bildung in den Alltag. Paul, 20, beschloss, jeden Tag 30 Minuten damit zu verbringen, Finanzartikel zu lesen und Online-Kurse zu belegen. Er begann auch, seine Erkenntnisse mit seinen

Eltern und Freunden zu besprechen, was sein Wissen bereicherte und den Menschen in seinem Umfeld half, besser mit ihrem Geld umzugehen.

Praktische Aktivitäten

Probieren Sie diese Aktivitäten aus, um Ihre fortlaufende Finanzausbildung zu stärken:

1. Finanzieller Lernplan: Entwickeln Sie einen Lernplan mit spezifischen Themen, die Sie jeden Monat behandeln möchten. Beinhaltet Lesungen, Kurse und Seminare.

2. Finanzbuchclub: Starten Sie mit Freunden oder der Familie einen Buchclub, in dem Sie Bücher oder Artikel zum Thema persönliche Finanzen lesen und diskutieren.

3. Finanznachrichten überwachen: Wählen Sie einige zuverlässige Quellen für Finanznachrichten aus und bemühen Sie sich, diese regelmäßig zu lesen. Machen Sie sich Notizen zu relevanten Trends und Tipps.

4. Setzen Sie es in die Praxis um: Wählen Sie eine neue Strategie oder einen neuen gelernten Tipp und wenden Sie ihn auf Ihre eigene finanzielle Situation an. Bewerten Sie die Ergebnisse und passen Sie Ihr Vorgehen gegebenenfalls an.

Abschluss

Um sich erfolgreich in der Finanzwelt zurechtzufinden, ist eine kontinuierliche Finanzausbildung unerlässlich. Indem Sie informiert bleiben und Finanzwissen in Ihr tägliches Leben integrieren, können Sie fundiertere Entscheidungen treffen, häufige Fehler vermeiden und Ihre finanziellen Möglichkeiten maximieren. Betrachten Sie Finanzbildung als eine langfristige Investition in Ihre Zukunft.

Sind Sie bereit herauszufinden, wie Selbstvertrauen Ihre finanziellen Entscheidungen beeinflussen und Ihnen helfen kann, Ihre Ziele zu erreichen? Blättern Sie um und tauchen Sie ein in das nächste Kapitel!

Kapitel 16: Selbstvertrauen und Geld

Selbstvertrauen spielt eine entscheidende Rolle bei der Verwaltung Ihrer Finanzen. Es beeinflusst Ihre finanziellen Entscheidungen, Ihre Fähigkeit, kalkulierte Risiken einzugehen und Ihre Ausdauer angesichts von Herausforderungen. In diesem Kapitel wird untersucht, wie wichtig Selbstvertrauen im Umgang mit Geld ist und wie Sie diese Qualität entwickeln können , um Ihre finanziellen Ziele zu erreichen.

Warum ist Selbstvertrauen wichtig?

Selbstvertrauen ermöglicht es Ihnen, selbstbewusst finanzielle Entscheidungen zu treffen und an Ihre Fähigkeit zu glauben, Ihre Ziele zu erreichen. Es gibt Ihnen den Mut, Ihr Geld verantwortungsvoll anzulegen, zu sparen und zu verwalten. Ohne Selbstvertrauen ist es leicht, sich durch die Angst, Fehler zu machen oder Risiken einzugehen, gelähmt zu fühlen.

Nehmen wir zum Beispiel Lucas. Lucas hatte immer gezögert, sein Geld anzulegen, weil er Angst vor Verlusten hatte. Durch den Besuch von Kursen und Recherchen entwickelte er ein besseres Verständnis für das Investieren und gewann an Selbstvertrauen. Er begann mit kleinen Investitionen und sah, wie seine Ersparnisse wuchsen. Mit seinem neu gewonnenen Selbstvertrauen war Lucas in der Lage, mutigere und fundiertere Finanzentscheidungen zu treffen.

Wie man finanzielles Selbstvertrauen entwickelt

Die Entwicklung von finanziellem Selbstvertrauen erfordert Zeit und Mühe, aber hier sind einige Schritte, die dabei helfen können:

1. Bilden Sie sich weiter: Wissen ist ein starker Katalysator für Selbstvertrauen. Je mehr Sie über Geldmanagement wissen, desto eher werden Sie sich in der Lage fühlen, fundierte Entscheidungen zu treffen.

2. Setzen Sie sich realistische Ziele: Beginnen Sie mit bescheidenen finanziellen Zielen, die Sie erreichen können. Wenn Sie diese Ziele erreichen, stärken Sie Ihr Selbstvertrauen.

3. Lernen Sie aus Ihren Fehlern: Lassen Sie sich nicht von finanziellen Fehlern entmutigen. Betrachten Sie sie als Lernmöglichkeiten. Analysieren Sie, was schief gelaufen ist und wie Sie sich in Zukunft verbessern können.

4. Treffen Sie fundierte Entscheidungen: Recherchieren Sie, bevor Sie finanzielle Entscheidungen treffen. Konsultieren Sie bei Bedarf Experten und nutzen Sie zuverlässige Informationsquellen.

5. Visualisieren Sie den Erfolg: Visualisieren Sie, wie Sie Ihre finanziellen Ziele erreichen. Dies kann Ihre Entschlossenheit und Ihr Vertrauen in Ihre Erfolgsfähigkeit stärken.

Claras Beispiel zeigt, wie Selbstvertrauen entwickelt werden kann. Clara, 18, hatte Angst, mit ihrem Geld umzugehen. Sie begann damit, einen persönlichen Finanzkurs zu absolvieren und sich kleine Ziele zu setzen, zum Beispiel 50 Euro im Monat zu sparen. Als sie ihre Ziele erreichte, wuchs ihr Selbstvertrauen. Anschließend investierte sie in ein kleines Aktienportfolio und lernte weiter und wuchs.

Die Bedeutung von Ausdauer

Ausdauer ist ein zentraler Bestandteil des Selbstvertrauens. Es können finanzielle Herausforderungen auftreten, aber die Fähigkeit, trotz Hindernissen durchzuhalten, ist für den langfristigen Erfolg von entscheidender Bedeutung.

Nehmen wir das Beispiel Maxime. Maxime hatte gespart, um in ein unternehmerisches Projekt zu investieren, doch er stieß zu Beginn auf Schwierigkeiten und Misserfolge. Anstatt sich entmutigen zu lassen, beharrte er, lernte aus seinen Fehlern und passte seine Strategie an. Dank seiner Beharrlichkeit und seines Selbstvertrauens gelang es Maxime schließlich, sein Unternehmen zu gründen und zum Erfolg zu führen.

Praktische Aktivitäten

Probieren Sie diese Aktivitäten aus, um Ihr finanzielles Selbstvertrauen zu stärken:

1. Finanzjournal: Führen Sie ein Tagebuch über Ihre finanziellen Entscheidungen, Ihre Erfolge und Ihre Fehler. Sehen Sie sich dieses Tagebuch an, um Ihre Fortschritte zu sehen und aus Ihren Erfahrungen zu lernen.

2. Herausforderung für finanzielle Fähigkeiten: Stellen Sie sich einer finanziellen Herausforderung, z. B. das Sparen eines bestimmten Betrags in einem Monat oder die Investition in eine neue Aktie. Das Bewältigen dieser Herausforderung wird Ihr Selbstvertrauen stärken.

3. Diskussionsgruppen: Treten Sie einer Diskussionsgruppe oder einem Investmentclub bei, in dem Sie Ideen und Ratschläge mit

anderen Finanzinteressierten austauschen können.

4. Mentoring: Finden Sie einen Finanzmentor, der Sie bei Ihren finanziellen Entscheidungen begleiten und unterstützen kann. Aus den Erfahrungen anderer Menschen zu lernen kann Ihr Selbstvertrauen stärken.

Inspirierende Geschichten

Sophies Beispiel ist inspirierend. Sophie, 19, wollte ihr erstes Auto kaufen, war sich aber nicht sicher, ob sie genug sparen konnte. Sie erstellte einen strengen Sparplan und verfolgte jeden Monat ihre Fortschritte. Mit jedem Schritt, den sie machte, wuchs ihr Selbstvertrauen. Schließlich erreichte Sophie ihr Ziel und kaufte ihr Auto, was ihren Glauben an ihre Fähigkeit, ihr Geld effektiv zu verwalten, bestärkte.

Abschluss

Selbstvertrauen ist eine wesentliche Eigenschaft für finanziellen Erfolg. Indem Sie dieses Selbstvertrauen durch Bildung, das Setzen realistischer Ziele, das Lernen aus Fehlern und Ausdauer entwickeln, können Sie fundierte finanzielle Entscheidungen treffen und Ihre Ziele erreichen. Selbstvertrauen gibt Ihnen den Mut, kalkulierte Risiken einzugehen und an Ihre Fähigkeit zum Erfolg zu glauben.

Sind Sie bereit herauszufinden, welche Auswirkungen finanzielle Gewohnheiten auf Ihre Zukunft haben und wie kleine Gewohnheiten einen großen Unterschied machen können ? Blättern Sie um und tauchen Sie ein in das nächste Kapitel!

Abschluss

Geldmanagement ist eine wesentliche Fähigkeit, die es Ihnen ermöglicht, ein Leben voller Wahlmöglichkeiten, Freiheit und Sicherheit zu führen. Durch die Erkundung der verschiedenen Aspekte des Finanzwesens, vom Sparen bis zum Investieren, einschließlich Finanzplanung und Großzügigkeit, haben Sie sich wertvolle Werkzeuge angeeignet, um sich in der Finanzwelt zurechtzufinden.

Zusammenfassung

1. Die Bedeutung des Geldes: Verstehen Sie den Wert des Geldes und seine Rolle in unserem täglichen Leben.

2. Den Wert des Geldes verstehen: Unterscheiden Sie den Preis vom Wert und treffen Sie fundierte Entscheidungen.

3. Die Psychologie des Sparens: Entwickeln Sie die Gewohnheit des Sparens und verstehen Sie die langfristigen Vorteile.

4. Kluges Ausgeben: Treffen Sie durchdachte Ausgabenentscheidungen und vermeiden Sie Impulskäufe.

5. Grundlagen des Investierens: Verstehen Sie die Grundlagen des Investierens und die Bedeutung einer frühzeitigen Investition.

6. Geduld und Geldwachstum: Erkennen Sie die Macht des Zinseszinses und die Bedeutung von Geduld.

7. Häufige Fehler, die es zu vermeiden gilt: Identifizieren und vermeiden Sie häufige finanzielle Fehler.

8. Die Psychologie des Reichtums: Die wahre Bedeutung von Reichtum verstehen und wie er wahrgenommen wird.

9. Großzügigkeit und Geld: Erkennen Sie die Bedeutung des Gebens

und seine positiven Auswirkungen.

10. Für die Zukunft planen: Setzen Sie sich finanzielle Ziele und erstellen Sie einen Plan, um diese zu erreichen.

11. Äußere Einflüsse auf unsere finanziellen Entscheidungen: Bewältigen Sie den Einfluss von Freunden, Familie und Medien auf unsere finanziellen Entscheidungen.

12. Finanzielle Sicherheit: Treffen Sie Maßnahmen zum Schutz Ihres Geldes und planen Sie für das Unerwartete.

13. Risikomanagement: Lernen Sie, finanzielle Risiken einzuschätzen und zu verwalten.

14. Das Verhältnis zwischen Zeit und Geld: Nutzen Sie die Zeit optimal aus, um Ihr Geld zu vermehren.

15. Finanzielle Weiterbildung: Informieren Sie sich weiter über Finanzen, um fundierte Entscheidungen treffen zu können.

16. Selbstvertrauen und Geld: Entwickeln Sie das Selbstvertrauen, um mutige finanzielle Entscheidungen zu treffen.

17. Die Auswirkungen finanzieller Gewohnheiten: Übernehmen Sie gute finanzielle Gewohnheiten für eine erfolgreiche Zukunft.

18. Die Rolle des Glücks im Finanzwesen: Verstehen und verwalten Sie die Rolle des Glücks in Ihren Finanzen.

19. Werte und Geld: Richten Sie Ihre finanziellen Entscheidungen an Ihren persönlichen Werten aus.

www.ingramcontent.com/pod-product-compliance
Lightning Source LLC
Chambersburg PA
CBHW070257100426
42743CB00011B/2254